美团研究院 ◎ 编著

从数字生活
到数字社会

美团年度观察2020

图书在版编目（CIP）数据

从数字生活到数字社会：美团年度观察：2020 / 美团研究院编著．北京：中国发展出版社，2019.12（2021.7 重印）

ISBN 978-7-5177-1124-7

Ⅰ．①从… Ⅱ．①美… Ⅲ．①互联网络—应用—服务业—研究报告—中国— 2019 Ⅳ．① F726.9

中国版本图书馆 CIP 数据核字（2019）第 290650 号

书　　　名：	从数字生活到数字社会：美团年度观察 2020
著作责任者：	美团研究院
出 版 发 行：	中国发展出版社
联 系 地 址：	北京经济技术开发区荣华中路 22 号亦城财富中心 1 号楼 8 层（100176）
标 准 书 号：	ISBN 978-7-5177-1124-7
经 　销 　者：	各地新华书店
印 　刷 　者：	河北鑫兆源印刷有限公司
开　　　本：	710mm×1000mm　1/16
印　　　张：	14
字　　　数：	218 千字
版　　　次：	2020 年 7 月第 1 版
印　　　次：	2021 年 7 月第 3 次印刷
定　　　价：	59.00 元
联 系 电 话：	（010）68990630　68990692
购 书 热 线：	（010）68990682　68990686
网 络 订 购：	http://zgfzcbs.tmall.com
网 购 电 话：	（010）88333349　68990639
本 社 网 址：	http://www.develpress.com
电 子 邮 件：	370118561@qq.com

版权所有 · 翻印必究

本社图书若有缺页、倒页，请向发行部调换

编委会名单

编 委（按姓氏笔画排序）

开 莉　毛 方　白秀峰　任 奎　孙可青　李芊芊　李 姝　来有为
宋 哲　陈荣凯　林长琦　钟永健　徐思嘉

执行主编 / 编辑

甘晓晨 / 菅宇正

编写组（按姓氏笔画排序）

丁 冬	卫张宁	马怡冰	王冬冬	王 芳	王沛君	王盼盼	王 骅	王 倩	王 敏
王 博	尤 越	仇东旭	左 涵	田 瑾	冯一萌	冯 骅	朱 峰	伍 巍
刘 剑	刘晓云	刘笑岑	刘萍萍	刘 超	刘靖宜	许晓飞	孙子川	孙 宠
苏永侠	杜 雨	李育刚	李雪芳	李 婷	杨 汛	杨碧聪	何江涛	佟美姣
余琦景	汪毅聪	沈念祖	张亦楠	张丽锦	张 怡	张 勇	张 烨	张陵洋
张 博	张敬云	张 晶	张皓昱	张 腾	张 潇	张 磊	陈少远	陈 雪
罗皓然	金光进	金 瑾	周 亚	郎 丹	孟旭铎	孟得红	赵大威	赵强平
赵嘉妮	荀 彬	贺 容	晋雅芬	顾 琳	钱秋君	高玉荣	高玉聪	郭爱娣
陶盈舟	黄小伟	麻 芃	梁 燕	焦炜铭	曾辰愉	路唯佳	谭旭峰	薛艳君
魏政军

序言

近10年来，中国经济进入增速"下台阶"、质量"上台阶"的"新常态"，高质量发展成为中国经济发展方式转变的关键词。在此过程中，以平台经济、共享经济为代表的数字经济蓬勃发展，成为中国经济动能转换、产业结构转型与居民消费结构升级的重要支撑力量。在庞大的互联网用户规模、快速迭代应用的数字经济技术，特别是活跃的企业家创新精神的共同推动下，美团等一批中国本土互联网平台企业迅速发展壮大，成为近年来全球数字经济版图上的亮丽风景线。2019年全球市值前20位的互联网平台企业中，中国占8个，美国占12个，全球数字经济呈现中美"双雄"的竞争格局，平台经济已经成为中国提升产业国际竞争力、引领全球产业变革的重要依托。

值得关注的是，伴随着数字经济的高歌猛进，中国已经迈入服务经济时代。2012年，中国服务业增加值占GDP的比重达到45.5%，服务业首次超过制造业成为第一大产业；此后服务业占国民经济的比重持续提升，2015年的占比首次超过50%，2019年的占比上升至53.9%，对经济增长的贡献率达到59.4%。服务业成为带动经济增长的"火车头"，同时也成为吸纳就业的主体。发达国家服务业占国民经济的比重普遍超过70%，而中国刚刚迈入服务业占主体的后工业化时期，服务经济的发展前景十分广阔。作为以"互联网+服务业"为主业的互联网平台企业，美团的发展空间很大，在自身持续成长的同时，也将对技术创新、产业进步和社会发展起到重要作用。

一、推动服务业数字化

传统意义上，服务产品的无形性、不可储存性、不可贸易性等特点，使服务业被广泛认为是相对成本高、效率低的部门。美国经济学家威廉·鲍莫尔建立的两部门宏观经济增长模型揭示了"鲍莫尔成本病"，形象地说明了这一点。中国餐饮等生活服务业客观上存在"散、小、弱"特征，似乎也为此提供了佐证。然而，数字化的力量，特别是以美团为代表的生活服务电子商务平台的崛起，为生活服务业转型升级注入了新的强大动力，相当大程度上改变了生活服务业的发展状况。比如，美团全方位助力我国餐饮行业的数字化改造，由需求侧（如外卖运营）逐渐向供给侧（如营销推广、组织管理）延伸，催生了互联网餐厅、下一代门店等新的商业模式，促使餐饮企业降本增效、提高发展质量。

二、促进服务消费

2019年，服务消费占居民消费的比重达到50.2%，今后仍有很大提升空间。从需求侧看，中国人均GDP在2019年首次超过1万美元后，居民消费结构将持续升级，服务消费需求成为重要带动力量。近几年，在餐饮外卖促使消费者线上订餐习惯养成的同时，又催生出鲜花、生鲜、日常生活用品等非餐品的配送场景和需求。外卖已发展成为全时段、跨品类的消费场景，以大数据为驱动，围绕本地生活服务平台打通线上和线下，线上实现交易闭环，线下通过即时配送完成交易履约，为消费者提供从需求发起到商品验收的一站式服务。外卖消费规模将持续提升，有望在未来几年发展成为万亿级别规模的市场。

三、带动社会就业

从美团的实践看，餐饮外卖、旅游、住宿等主营业务，以及200多个生活服务品类所形成的庞大生态系统，催生了大量新的就业机会，其中，很多是灵活就业形态。比如，美团平台的活跃骑手人数，从2018年的日均60万人增加到2019年的日均近75万人。2019年，通过美团获得收入的骑手总数达到399万人，比2018年增长了23.3%，带动社会就业的作用显著。外卖骑手是一种新职业，有效扩大了部分群体，特别是学历不高、手艺不强的难就业群体的就业规模。同时，美团平台也催生了一些生活服务行业的新职业，如酒店收益管理师、外卖运营规划师、试吃官、点评达人、民宿房东等，为生活服务行业就业市场的发展注入新动能。

四、开展扶贫工作

因地制宜、因人而异地探索长效脱贫机制非常重要，能够防止贫困户在脱贫之后又返贫。美团开展的扶贫工作很有特色，也取得了较好成效。比如，美团启动"新青年追梦计划"，开展实操性现场教学，帮助乡村餐饮民宿创业者、生活服务业从业者实现技能升级；推出大众点评"必吃榜·助力高远"美食消费扶贫项目，开发以贫困地区特色食材为原料的特色公益菜品，使种植农户和广大消费者皆得实惠；美团开展的"袋鼠宝贝公益计划""美团公益商家计划"等一系列公益扶贫举动，拓宽了扶贫攻坚的边界；2019年，在美团平台就业的外卖骑手中，有25.7万人是建档立卡贫困人口，这些骑手中已有25.3万人实现脱贫，脱贫比例高达98.4%。就业是最好的扶贫，只要在平台上实现稳定就业，就有机会实现有质量的脱贫。

五、助力生活服务新基建

2018年度中央经济工作会议提出，要加强人工智能、工业互联网、物联网等新型基础设施建设。新型基础设施建设空间很大，能够有效推动数字技术与包括生活服务在内的实体经济深度融合，使之成为创新驱动、实现高质量发展的新引擎。美团所处的生活服务业中的数字化平台，是新型基础设施建设的重要组成部分。作为生产要素的新型组织方式，美团平台构建起了包括商户、用户、骑手等多元群体在内的庞大生态体系。在这一生态体系中，平台成为最核心的连接者与赋能者，成为现代城市发展进程中不可或缺的新型基础设施。在数字技术实体化、实体经济数字化的大背景下，应适应需求增长，加快生活服务新型基础设施建设，包括基于移动互联网、大数据、人工智能的即时配送网络，以及智能自助服务系统、无人配送车、智能服务机器人、智慧旅游等，提升整个产业链的数字化水平。

2020年初，突如其来的新冠肺炎疫情给我国生活服务领域的商户带来巨大冲击。疫情发生以来，美团结合生活服务电子商务平台的特点和优势，推出了"春风行动""春归计划"，为用户率先推出"无接触配送"等安心举措，通过一系列措施助力商户复工复产，在保障市民基本生活服务需求、扶持平台上的商户渡过难关、助力政府抗疫等方面发挥了重要而独特的作用。

"让生活更美好"，这既是平台经济发展的价值导向，也应成为中国企业前进的方向。期待美团继续努力创造社会价值，与大家一起共创美好生活。

第十三届全国政协经济委员会副主任，中国发展研究基金会副理事长

2020年7月

目录

001	**美好瞬间**	
	23张照片，23个细节	
027	**年度真知**	
	用户篇	028
	人均GDP突破1万美元的这一年，服务消费的3个变化	029
	产业篇	048
	GDP增长贡献率近六成，服务业供给侧数字化刚起步	049
	新职业篇	066
	外卖骑手进入"职业大典"，新职业的背后是经济新动能	067
	城市共治篇	094
	用"比特之针"为城市治理"绣花"	095

119	**善的探索**	
	扶贫篇	120
	数字经济助力扶贫攻坚	121
	《2019年外卖骑手就业扶贫报告》	131
	公益篇	140
	通过美团,生活服务业商户参与公益更方便了	141
151	**别册**	
	难忘庚子之春	
	战疫情,美团在行动	
	前言	154
	致敬"最美逆行者"	155
	江城春日"摆渡人"	168
	待到山花烂漫时	179
	附・美团应对新冠肺炎疫情工作的系列举措	201

美好瞬间

23张照片，23个细节

己亥中秋夜，北京望京，美团外卖骑手在配送箱上载着"圆月"

2019年春,一位美团外卖骑手从云南大理的樱花树下经过

黄昏时分的武汉，美团外卖骑手张满堂在送餐间隙和儿子欣赏江景

2019年12月,北京迎来初雪,美团外卖小哥正在送餐

通过专项支持外卖小哥患病子女的
"袋鼠宝贝公益计划",有重度听力障碍的浩浩在 2019 年戴上了人工耳蜗

湘西龙山县幼儿园的小朋友,
吃上了由美团公益平台爱心网友捐赠的营养午餐

2019年5月,贵州省松桃县的小朋友在山村幼儿园玩耍。
2019年,"美团公益商家计划"已支持筹建20余所山村幼儿园

延安市万华学校的学生们
在一块由 7800 条美团单车报废轮胎制成的塑胶跑道上玩耍

美团旗下的"快驴进货",帮助甘肃会宁滞销的洋葱找到了销路

西藏日喀则，一位卓玛正在拔除青稞田里的杂草，
她家里的青稞通过美团"助力高远"公益项目，被端上了上海市民的餐桌

在四姑娘山，高位截瘫的黄敏通过"美团民宿"当起了民宿老板

有了美团的"收款音箱"帮着收款、记账,盲人按摩师秦先生只须专注于按摩这一件事

经营菜摊多年的刘氏兄弟在分拣和打包蔬菜,这些蔬菜将通过美团"菜大全"项目在线销售

北京的失恋博物馆通过美团售票

年近 80 岁的齐爷爷,人生中第一次用外卖给老伴儿点了一份披萨

凌晨一点的北京，末班公交车司机宋师傅下班后，骑着共享单车回家

传统文化的兴起,让汉服设计师韩爽有机会把爱好变成职业

（上）新职人张微，90后的她大学毕业后成了"金牌月嫂"
（下）宠物摄影师张天航已经用镜头记录宠物两年，被称为"中国宠物摄影第一人"

2019年世界粮食日,"外婆家"上海大悦城店
与美团、联合国世界粮食计划署,一起倡导"膳食多样"健康饮食理念

（上）通过美团预订亲子酒店——80后、90后有娃一族的出游新选择

（下）2019年4月，苏州本地小吃老店"蟹壳黄"，在美团的协助下完成店铺升级改造，重获食品经营许可证，实现老店新开

晚上十点的西安,"夜间经济"火爆

年度真知

用户篇 028
人均GDP突破1万美元的这一年，
服务消费的3个变化 029

产业篇 048
GDP增长贡献率近六成，
服务业供给侧数字化刚起步 049

新职业篇 066
外卖骑手进入"职业大典"，
新职业的背后是经济新动能 067

城市共治篇 094
用"比特之针"为城市治理"绣花" 095

用户篇

人均GDP突破1万美元的这一年，服务消费的3个变化

人们从餐桌上的变化，对改革开放的丰硕成果有了鲜活的感受。同样，人们也是在闲暇时间增加、旅游范围扩大、游乐项目增多、生活可选项越来越多的潜移默化中，形成了对人均GDP持续增长的认知。2019年，中国人均GDP已经突破1万美元，高于世界中等收入国家平均水平。

经济体量变大，增速放缓，这是经济发展的正常现象。但增速放缓，并不意味着生活水平和质量下降，恰恰相反，对我国而言，经济增速放缓的另一面，正是质量在提升。在拉动经济增长的动力中，消费已经成为第一动力，2019年中国社会消费品零售总额达到41.2万亿元之巨，消费对经济增长贡献率达到57.8%，拉动GDP增长3.5个百分点，在拉动经济增长的"消费、投资、出口"这"三驾马车"中，已连续6年成为"头马"。

2019年居民人均服务性消费支出占总支出之比已达到45.9%，服务性消费因其高频率、可持续的特点，已经成为消费增长的"压舱石"。这一年，"一老一小"成为服务性消费增长的新领域；这一年，人们对消费质量的要求越来越高，不仅要好吃，更要吃好，对消费的综合体验越来越期待，不仅要品味，还要品位；这一年，随着消费数字化的进一步普及和深入发展，人们更加关注消费过程的个人隐私保护。这些趋势，让我们对消费更有信心了，同时，也让我们在欣喜之余，对消费的健康增长有了更多的思考。

▶ 老人要玩，小孩能花

点外卖、团购唱K、手机上订电影票……这些消费方式不再是年轻人的专属，也受到越来越多老年人的青睐。美团数据显示，2019年，全国60岁及以上老年群体的外卖订单量同比增长近30%。根据媒体对北京、武汉多家KTV调研数据，KTV白天消费客户中，中老年人群占70%～90%，年龄主要集中在50～70岁。

> **延伸阅读**
>
> **"银发族"占领下午场KTV　最美不过"夕阳红"**
>
> 除了晚上的广场舞，下午和几个老朋友一起去KTV唱歌，是退休后的马阿姨主要的娱乐活动。
>
> 受门店租金上涨、歌曲版权费征收以及年轻人娱乐方式越来越多元化等因素影响，近年来量贩KTV包厢空置情况突出。特别是下午场，往往有一半的包厢都是空的。为了聚拢人气、改善经营，不少KTV专门针对老年人设置下午场优惠，甚至开辟出交谊舞厅、开设老年人团购卡，吸引"银发族"。
>
> 家住北京市丰台区的马阿姨经常下午约上几个老朋友一起在KTV里欢唱，5个小时只需要68元，每个人平均不到10元。大家往往自带饮料和水果，偶尔还会带上啤酒、凉菜，唱上半天后傍晚就去接小孩放学，两不耽误。
>
> 媒体调查显示，目前北京很多KTV的白天时段，都已被老年人"占领"。相比在公园里唱歌，KTV里设备更专业，曲目多、环境好，已经成为老年人的日常娱乐场所之一。

据2019年1月国家统计局发布的数据,我国60岁及以上人口已近2.5亿,如何让全球最大的"银发族"老有所养,提高老年人的幸福感,一直是党和国家以及全社会关注的问题。2016年5月27日,习近平总书记在主持中共中央政治局第三十二次集体学习"我国人口老龄化的形势和对策"时指出:"要适应时代要求创新思路,推动老龄工作向主动应对转变,向统筹协调转变,向加强人们全生命周期养老准备转变,向同时注重老年人物质文化需求、全面提升老年人生活质量转变。"

根据媒体报道,在2019年召开的国务院常务会议中,有4次谈到养老话题;其中8月21日常务会议专门部署了"扩大养老服务供给,促进养老服务消费",指出以需求为导向发展养老服务,是应对老龄化、提升老年人生活质量的重要举措,提出要调动社会力量,发展适合老年人消费的旅游、养生等服务。2019年9月23日,民政部印发了《关于进一步扩大养老服务供给 促进养老服务消费的实施意见》。此外,2019年3月9日,商务部举行记者会也指出,要大力发展服务消费,其中养老服务需求旺盛。

专家观点

据中国互联网络信息中心、腾讯等调查,2019年,我国60岁及以上老年人网民人数已达6000万~8000万,并仍在快速增长。我国老龄化进程伴随着数字化进程,老年人在日常交流、购物、理财、娱乐等方面通过互联网形成更广泛的互动。可以预见,未来互联网将渗透到老年人生活的更多场景,也将带动更多老年人产品和服务消费,为我国老龄化进程增加科技和经济双支撑。

李 璐

国家发展和改革委员会社会发展研究所社会事业研究室副主任、副研究员

> **延伸阅读**
>
> ### 68岁老人的时尚生活 爱做饭也爱点外卖
>
> 68岁的李爷爷是一名拉丁舞教师,退休后老两口和儿子一家三口生活在一起。因为老伴儿身体不好,儿媳妇工作又繁忙,所以李爷爷就成了打理五口之家生活的主力,要负责买菜、做饭,还要接送6岁的小孙女上下学。
>
> 李爷爷非常喜欢做饭,本来并不提倡叫外卖,但是小孙女的课外班从周一排到了周五,而自己偶尔还想去跳跳舞、打打乒乓球,而且他发现孩子们点的外卖既方便又健康,于是也学会了点外卖。一方面,可以偶尔解放一下自己,不用每天围着灶台和小孙女转,有些自己的闲暇时间;另一方面还可以尝尝鲜,点一些没吃过的味道,也不失为一种潮流生活方式。现在,家附近的庆丰包子铺、潮汕砂锅粥、好适口米线等,都已经成了李爷爷家经常点的餐厅,有时候还会在晚上加个"大菜"。
>
> 当然,到了周末或者节假日,李爷爷还是喜欢做上满满一桌菜肴,让一家人聚在一起品尝自己的手艺。
>
> 对于年轻人来说,点外卖已经成为一种生活方式。但对于一些上了年纪的老年人来说,点外卖代表的"时尚生活"才刚刚开始。

美团发布的《2019七夕消费趋势报告》显示,2019年七夕,50岁以上的老年群体也加入过节热潮中,这些"有钱有闲"的人更愿意花钱到七夕就餐上,人均消费比20~30岁人群高出20%。

2019年七夕期间的另一组数据也值得关注:全国亲子餐厅交易额相较于2018年翻一番,环比七夕前三日均值增长34%,其中,上海、深圳的亲子餐厅环比增长均在60%以上。

亲子餐厅交易额的大幅增长，体现出儿童正在成为80后、90后年轻家庭消费的中心。无论是聚会用餐、周末休闲还是旅游出行，在选择餐厅、酒店和旅游目的地的过程中，满足儿童的诉求成为家长们消费决策的重要因素。"旅游遛娃、吃饭带娃"正在成为新一代父母消费的重要组成部分。以亲子酒店为例，美团数据显示，在2019年，"亲子主题酒店"的用户评论数同比增长114%，其中高端、与品质相关的评论量同比增长超过90%，让孩子住得更好成了家庭出游选择的重要参考组成。

> **延伸阅读**
>
> ### 亲子餐厅：家长遛娃社交新选择
>
> "放假在家带娃比上班还累！"家住北京市朝阳区的蓝女士是位80后职场妈妈，上有老下有小，平时工作非常忙，周末除了做家务、看望老人，偶尔还要加班，既没有时间陪4岁的儿子，自己的生活也少有休闲娱乐。
>
> 自从朝阳大悦城开了一家"Ours树朵家亲子餐厅"，蓝女士便经常在周末带儿子来这里。亲子餐厅里有很多孩子喜欢玩的娱乐设施。在这里，蓝女士既可以在自己加班的时候，让儿子"自己遛自己"，不会打扰自己的工作，也可以在闲暇的时候，刷刷手机短视频"喘口气"。当然，蓝女士不忙的时候，也喜欢陪孩子在这里看看书、玩玩玩具，毕竟家里空间有限，这里有更多孩子喜欢的娱乐项目，还不用担心玩后收拾"战场"。
>
> 除了遛娃，亲子餐厅还是一个朋友聚餐的好地方。蓝女士周末有时会和朋友一起出去逛公园、爬山、采摘，回来便会约在这里聚餐。她说："我儿子和朋友家的孩子相差半岁，两个小伙伴凑到一起，可以自己玩儿，不会在我们身边一直不停地叫'妈妈'，大人们就可以安心地聊聊天了。"

消费额增长的背后,是越来越多的家长更加关注消费品质,"爱孩子,就给孩子最好的"成了80后、90后年轻父母们的共识。杭州的一位周女士,2019年夏天花了7000元为儿子报了一个为期5天的绘画夏令营,在她看来,尽管价格很高,但让孩子在暑假有点感兴趣的事情做还是值得的。父母对儿童消费品质的要求,从周女士身上可见一斑。

与此同时,普遍具有高学历的父母也同样重视子女的教育。因此,少儿教育课程越发受到关注,除了以往家长普遍关注的外语、数学等K-12①教育中涵盖的科目外,少儿编程、声乐、平衡车、儿童篮球、少儿体操等素质教育类课程也备受欢迎。据美团教育培训业务部提供的数据,截至2019年9月30日,过去的12个月,美团低龄段学习者数量增长迅猛,素养启蒙类访问量增幅高达349%。

专家观点

儿童消费作为家庭消费的"发动机",是家庭支出的"核心入口"和拉动全家经济的"中央接口",处于升级期。

首先,人口结构发生变迁,"4+2+2"三代家庭的主流化给儿童消费注入动能,二孩小型多元化年轻家庭趋于主导,二孩红利的释放仍将递进。虽然年轻父母花钱日益精明、个性化,但出于补偿心理等因素,表现出低价格敏感、更重视品质等诸多特征,大量机构的实证研究已证明,二孩平均支出高于一孩。

其次,基于权威经济学理论可推导出,2019年我国国内生产总值接近100万亿元、人均GDP已突破1万美元的经济基础,决定了全民育儿重质量甚于数量的不可逆趋势。人工智能时代,创新型人力资源稀缺,密集型育儿"剧场效应"泛滥,教育、娱乐、休闲、医疗等需求不断生发,育儿平均支出持续攀升。具体表现为,一、二线城市育儿投入增长势头强劲,低线级城市精细化、科学化和智趣化育儿消费奋起直追,新时代年轻家庭育儿消费年增长几近翻倍。

李筱姝
家庭新经济产业服务平台青籽科技创始人兼CEO
中国首席亲子家庭消费产业新媒体《亲子商业志》总编

---

① K-12为美国基础教育的统称。

> 延伸阅读

"年轻高知白领"的高效养娃之道

受优生优育理念发展和二孩政策的影响,近年来"亲子消费"正逐年走高。美团数据显示,截至2019年第一季度,以少儿编程、教育机器人为代表的幼儿科学商家数量同比增幅超过2.3倍,绘画、舞蹈等幼儿才艺商家数量同比增幅超1.2倍,幼儿外语类商家数量同比增幅超84%,早教中心商家数量同比增幅为68%。美团"亲子奇妙日",正是本地亲子消费市场的缩影。

程女士参加2019年"亲子奇妙日"的目的非常明确:不仅是带孩子玩,更要在一天之内给孩子物色好儿童素质教育优选课程。

程女士30多岁,是名外企职员,女儿4岁半。丈夫平时工作繁忙,而自己的工作时间固定在朝九晚六,因此孩子的教育重任就落在了她身上。程女士自我评价是"佛系"妈妈,一是没有专门为了孩子准备学区房,二是没有为孩子进民办幼儿园而挤破头,而是选择了离家5分钟路程的公立幼儿园。

程女士发现,不是女儿萌萌不喜欢英语,而是培训班没有很好地激发孩子的兴趣。但是市面上少儿英语培训品牌有十几个,如果逐个探店体验又费时费力。"亲子奇妙日"则把同类型的商家聚到一起,她带着萌萌只用了小半天时间就把几家最知名的少儿英语培训机构体验了个遍。看着萌萌在现场体验时一开始有点拘谨,但经过游戏热身后很快融入课程,程女士便立即在现场为萌萌选定了一家适合女儿的英语培训班。

程女士觉得在"亲子奇妙日"可以直观地对比各商户提供的产品和服务,让选择变得更理性,通过亲身体验,可以发现孩子的真实喜好,真正激发其兴趣。

2019年"亲子奇妙日"活动现场

从"好吃"到"吃好"
服务消费从"品味"到"品位"

追求品质化是近年来服务消费的主要趋势之一。以代表高品质的黑珍珠餐厅为例,据美团数据,2019年,黑珍珠餐厅线上套餐年订单量同比增长69%,线上订单年销售金额同比增长190%。人们品质生活的"味蕾"正在被唤醒。与此同时,一些新的消费理念正在从小众迈向主流。从"好吃"到"吃好",从"品味"到"品位",消费者对健康的重视、对文化内涵的追求,成为2019年消费领域的年度关键词。

延伸阅读

聚焦中国味蕾,"黑珍珠餐厅指南"打造中国人自己的美食榜

"黑珍珠餐厅指南"是美团点评首创并发布的中国味蕾评审标准的美食指南,自发布以来一直在助推中国精致餐饮行业的发展。

"黑珍珠餐厅指南"的初心是满足中国的胃、口、心。首次提出了涵盖烹饪水平、体验感受、传承创新三个维度的中国美食标准。其使命是找到中国美食的发光点,最终成就中国的百年餐厅。

"黑珍珠餐厅指南"目前覆盖北京、上海、广州、深圳等国内22个城市和东京、曼谷、新加坡、巴黎、纽约等海外5个国家和城市。上榜餐厅分为三个钻级:"一生必吃一次"的三钻餐厅、"纪念日必吃"的二钻餐厅、"聚会必吃"的一钻餐厅,以三钻为最高等级。首届、第二届榜单分别于2018年1月和2019年1月在上海、澳门发布。2020年1月9日,美团在澳门第三次发布"2020黑珍珠餐厅指南"。

"2020黑珍珠餐厅指南"发布

2019年10月16日是世界粮食日,"3亿中国人面临隐性饥饿"成为当天的微博热搜;联合国世界粮食计划署、美团联合推出的旨在表达均衡膳食理念的"吃彩虹挑战",话题阅读量达到1.1亿次。

延伸阅读

拒绝隐性饥饿 健康饮食需要营养均衡

"民以食为天",粮食在整个国民经济中具有不可替代的作用。2019年10月16日是第39个世界粮食日,主题为"行动造就未来——健康饮食实现零饥饿"。当天,美团与联合国世界粮食计划署共推"拒绝隐性饥饿"健康饮食倡导行动,联动美团平台上超50家餐饮连锁品牌,聚焦"隐性饥饿",倡导健康饮食,推动全球"零饥饿"的可持续发展目标的实现。

所谓"隐性饥饿",是指机体由于营养不平衡或者缺乏某种维生素及人体必需的矿物质,同时又存在其他营养成分过度摄入,从而产生隐蔽性营养需求的饥饿症状。隐性饥饿的根本原因是饮食结构不科学、不合理。现代科学研究已经揭示,人们如果长期处于隐性饥饿状态,可能导致人体出现各种不利于健康的危险,导致免疫系统弱化,糖尿病、心血管疾病、癌症、肥胖症等疾病的发病率也会大大提高。

美团与联合国世界粮食计划署发起的
"拒绝隐性饥饿"健康饮食倡导行动

公开数据显示，全球有超过20亿的人口处于隐性饥饿状态，其中中国的隐性饥饿人数已超过3亿，是全球受此问题挑战最大的国家之一。联合国发布的《世界粮食安全和营养状况2018年报告》显示，全球5岁以下因营养失衡导致发育不良的儿童超过2亿，中国有850万名儿童营养失衡问题严重，肥胖问题日趋突出。

向用户传递均衡的膳食理念，推动膳食源头供给改善，保障用户膳食更丰富、营养多选择，是解决隐性饥饿行动的重要环节。美团通过旗下美团、大众点评、美团外卖三大核心平台的连接能力，携手联合国世界粮食计划署，通过提升用户膳食理念，拒绝隐性饥饿。

吃得更健康成为中国人在餐饮消费上的新追求。美团发布的《轻食消费大数据报告》显示，2019年，轻食、减脂餐、减肥餐、健康餐4个关键词在美团App的搜索次数同比2018年分别增长235.8%、200.6%、186.4%、116.0%；2019年前三季度，美团外卖轻食订单量同比增长102%，消费者在美团外卖订购饮品时，可以选择的"减糖"功能受到很多用户的青睐。

"轻食"，意指低热量、低脂肪、高纤维的健康营养食物，因其代表"轻盈、清爽、均衡、自然"而受到越来越多人的喜爱。人们开始把每餐食物换成轻食沙拉，并戏称这种生活风尚为"吃草"。

在北京望京工作的80后大V从3年前开始选择吃"轻食"。大V因为一直都在科技公司工作，生活节奏快、压力大，最胖的时候体重达到200斤。通过中午吃"草+烤鸡胸"等低脂食物，再加上一定强度的健身运动，大V在短短4个月里减了将近50斤。减肥减脂成功后，不仅身边有好几位朋友来向大V请教经验、加入"轻食"大军，连他的父母都开始注重饮食结构了。

近两年，众多主打健康的轻食店顺势而"生"，对于大V这样的男士来说，中午想吃"轻食"只要叫份外卖就可以实现，十分方便。据美团《轻食消费大数据报告》统计，90后年轻人占"轻食"消费人群的62%以上，其次是80后，占26%。

人们对健康的关注还体现在各种健身类消费的增长上。2019年8月28日，国务院常务会议确定要进一步促进体育健身和体育消费的措施，提出鼓励开发健身产品，引导更多人形成健身锻炼习惯，增强人民体质。而在这一年，人们也确实掀起了一场运动热。美团数据统计，2019年，运动健身品类的订单量同比增长35.5%，交易额同比增长42.3%。健身馆、武术馆、瑜伽室、舞蹈室等健身休闲场所成了人们运动和社交的新去处。

> **延伸阅读**
>
> ### 90后健身达人：健身不只是"燃烧卡路里"
>
> 90后彭女士在北京一家公关公司工作，在常态化的加班熬夜和饮食不规律的生活习惯下，体重一路飙升，这让爱美的她开始逐渐自卑起来。两年前，因为看到多年不见的朋友通过健身运动身材变得苗条、有型，彭女士下定决心要瘦下来。
>
> 随后，彭女士在美团上团购了健身券，正式迈入健身房。虽然初期高强度的训练让她疲惫和恐惧，但是，平时就争强好胜的她还是咬牙挺过了最艰难的日子。在一年的时间里，彭女士坚持每周去一次，练习器械，做无氧训练，并在教练的指导下开始注重饮食，不仅身材苗条了起来，整个人也更加阳光了。
>
> 如今，彭女士依然坚持每周健身一两次，而且随着美团推出的一些新项目的次卡，她开始尝试其他健身项目。在彭女士看来，运动健身不只是在"燃烧卡路里"，也能够充分释放生活和工作的压力，同时还能交到志同道合的朋友。如今，她和几个健身房的朋友经常会在群里互相督促，要控制饮食、每天锻炼，而每个周末的运动时光也成了她们的生活乐趣之一。

医疗健康也开始成为人们日常消费的一个重要组成部分。体检套餐、口腔护理、养生保健等品类的崛起，印证了人们健康意识的大幅提升。据统计，2019年美团消费医疗品类线上年交易额同比增长达110%，其中口腔护理品类的年交易额同比增长超过180%，而医美线上年交易额同比增长更是高达388%。

健康以外，在消费中融入文化，尤其是中国传统文化，也正在成为一种新趋势。2019年元宵节期间，故宫"紫禁城上元之夜"活动的门票开售即告罄，让无数故宫文化爱好者抱憾而归。打开大众点评，全国与故宫有关的地点多达68个，故宫展、故宫秀、故宫口红……走出了传统的故宫，受到了青年人的喜爱。

"刷馆"成为一个新名词，"观展""看话剧"也成了年轻人新的社交方式。美团数据显示，2019年暑期，文化博物馆相关品类的销售量同比增长近50%，各大美术馆、博物馆、艺术馆门前，人们观展热情高涨。浙江杭州某互联网公司员工王先生在陕西历史博物馆观展时就表示："沉浸于悠久的中华文化，感受古人的生活方式与艺术创造，我的精神境界都得到了升华，这门票真值！"

> **延伸阅读**
>
> **文化旅游成热门主题，80后、90后是消费的主力**
>
> 随着文旅融合的深入推进，我国文化旅游消费持续升级，日益成为游客体验深度游、品质游、个性游的重要方式。其中，80后、90后成为文化旅游消费的主力。
>
> 2019年端午节期间，美团《2019端午旅游趋势报告》显示，"周边古镇游"最受90后的欢迎，占比近四成。同时，博物馆、展览馆等文化游相关产品的热度持续提升，热门搜索量同比2018年增长超过200%。北京故宫领衔美团门票端午国内十大热门世界级文化遗产景区排行榜，其他9个为苏州古典园林、沈阳故宫、长城、安徽古村落（西递、宏村）、陕西秦始皇陵及兵马俑、四川都江堰市青城

山及都江堰、安徽黄山、云冈石窟、山西五台山。

2019年8月，国务院办公厅发布《关于进一步激发文化和旅游消费潜力的意见》，进一步深化文旅融合，为文化旅游发展带来了重大利好。美团数据显示，2019年第三季度文化旅游景区门票订单总量同比增长132.1%，其中，80后、90后成为文化旅游消费的主力军，占比分别达到49.7%和38.9%。

"民俗遗产游""非遗文化游"成为旅游度假的热门主题。越来越多的游客选择氛围浓厚、体验深入的浸入式文化旅游。同时，与非遗文化相关的文博场馆和群众文化活动的吸引力凸显，游客的文化参与度显著提高。文化和旅游部综合测算，在2019年中秋节期间，各地文化旅游产品供给充足，上海市对公众开放115家博物馆，参观总人次达22.2万；贵州习水对外开放四渡赤水纪念馆、宋窑博物馆、中国女红军纪念馆等，累计接待游客10.5万人次。

2019年2月19日，故宫"紫禁城上元之夜"灯光秀

此外，旅游演艺也是文化和旅游融合发展的典型业态之一。据统计，2019年中秋节期间，北京市共举办营业性演出活动318场，服务游客和群众14.2万人次；湖北省共举办营业性演出活动近60场，接待观众5.01万人次；重庆市主城区共引进各类演出25场，观众为1.93万人次。

与此同时，人们感受文化的方式也开始变得更加多元，乡村民宿、特色酒店、汉服体验馆等受到年轻人的喜爱。

美团数据显示，2019年，文化相关民宿及特色酒店的订单量同比增长204.1%，客栈主题民宿和酒店订单量增长135%。究其背后的原因，相比于传统商旅酒店，民宿及客栈等特色酒店的地域特点更强，能够让消费者更好地融入环境，感受当地文化。

汉服体验馆所代表的传统文化与现代消费的结合，也是庞大的文化消费需求所催生的新型服务业形态之一。2019年，在美团平台上的汉服相关品类订单量同比增长1028.3%，商户数量同比增长659.5%。不难看出，在数字服务消费的带动下，我国的传统文化正迸发出新活力。

专家观点

近年来，中国消费者的消费理念、消费方式正发生深刻变化，其中以平台经济为代表的数字经济发展日新月异，成为提升用户消费体验、释放居民消费潜力的重要动力。互联网平台不仅满足了中高线城市居民品质化、个性化、定制化的消费需求，也充分挖掘了低线城市以及农村等下沉市场的潜力；同时，平台在营销、数据、供应链、金融等多领域助力中国企业的产品与服务质量不断提升，从而创造更多新的消费需求，推动供需两侧的共同升级，促进经济社会的整体进步。

赵 萍
中国贸易促进会研究院国际贸易研究部主任

▶ 消费者更加关注消费过程中的隐私安全

从2019年开始,人们在安装和使用手机App时,发现以往默认同意的隐私条款开始以主动弹窗的形式出现了,且信息授权的使用规则更加清晰明了,相机、联系人、地理位置、麦克风等功能的调用都会在确认允许调用的情况下开启。在互联网产品的使用上,人们对隐私的保护有了更大的自主权。这一变化成了全社会开始重视隐私建设的缩影。

美团App权限管理弹窗

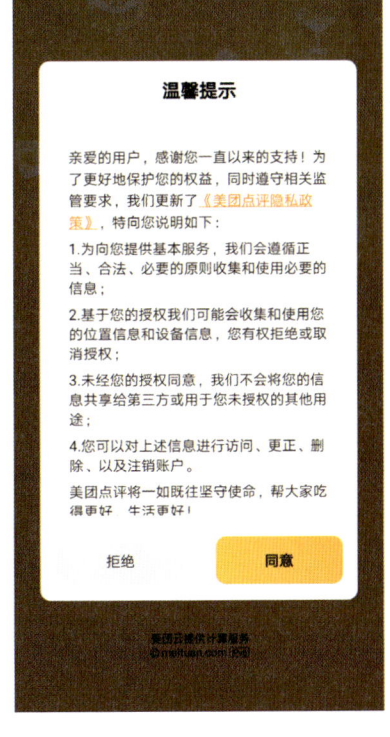

美团App隐私政策弹窗

近年来，在享受数字化所带来的便利生活的同时，人们对隐私的关注度也不断提高。南都个人信息保护研究中心发布的《个人信息安全年度报告（2019）》显示，近八成受访者会主动做相关隐私设置，约三成受访者愿意为隐私保护付费。

据美团服务体验平台反馈，2019年有部分用户针对移动端App安装及使用过程中的数据授权问题进行了来电咨询，详细了解信息授权用途和个人信息的安全性。与此同时，用户对隐私保护的关注也渗透到一些更细微的环节，比如在一些涉及支付、退款的具体场景中，往往需要核实用户的真实信息，而部分用户对在此环节上传身份信息或支付截图等材料表现得更为谨慎了。

事实上，个人隐私安全问题已经成为全球关注的议题。2018年5月25日，欧盟正式实行《一般数据保护条例》（GDPR）。GDPR被视为隐私保护领域最为权威和细致的立法。在这项条例实施一年之后，欧盟境内的民众数据保护意识普遍增强。2018年6月28日，美国加利福尼亚州颁布了《2018年加州消费者隐私法案》（CCPA），被认为是美国国内最严格的隐私立法，于2020年1月1日生效。与此同时，美国的科技企业也纷纷呼吁改善科技行业的隐私法规。2019年初，苹果公司CEO库克就表示，每个人都应该"捍卫隐私权"，并建议美国国会通过"全面的联邦隐私立法"。微软总裁布拉德·史密斯也曾表示，保护隐私安全已经到了"刻不容缓"的地步，微软甚至为此删除了其拥有10万人脸信息的数据库。2019年，印度、泰国等国家也推出了全新的个人数据保护法案。

在中国，各方对用户隐私的保护也在不断深入。政府层面率先加大了监管力度。2019年6月，国务院常务会议部署加快建设信用体系，构建相适应的市场监管新机制，提出要维护信用信息安全，严格保护商业秘密和个人隐私，严肃查处违规泄露、篡改或利用信用信息谋私等行为。从2019年1月开始，国家互联网信息办公室、工业和信息化部、公安部、国家市场监督管理总局等四部门，在全国范围组织开展App违法违规收集使用个人信息专项治理；并在2019年末发布了《App违法违规收集使用个人信息行为认定方法》，为企业的用户信息安全管理行为作出了明确的认定，包括没有弹窗或隐私政策难以阅读的行为，都将被认定为"未公开手机使用规则"。

互联网企业也在积极践行自己的职责。比如，华为公司表示将坚持把网络安全和隐私保护作为公司的最高纲领，坚定不移地实行欧洲GDPR标准；腾讯也在2018年提出了"科技向善，数据有度"的隐私保护价值理念，并将投入大量资金用以保障用户数据安全。

在具体举措方面，互联网平台目前主要采用技术保障和产品设计的方式来为用户的隐私安全保驾护航。前者主要是通过技术手段为用户提供无感知的信息保护，比如腾讯在2018年发布的《腾讯隐私保护白皮书》就提到，正在使用数据加密、数据脱敏、去识别化等技术。而产品设计上，则是通过用户可感知或可控制的方式来满足用户对隐私保护的需求，这其中，用户隐私政策弹窗提醒这样的设计已经成为互联网企业必须执行的内容。美团作为领先的服务电商平台，也通过多种方式保护用户隐私，把隐私保护理念融入产品设计与开发流程中，比如默认用户开启号码保护功能，并对电话、配送地址等个人信息采取了严格保护措施。

专家观点

个人信息保护是我国建设信息化社会的重要一环。2019年，全球多个国家陆续出台个人信息保护的专门立法，很多互联网企业也开始积极优化和完善在移动客户端（App）的个人信息收集、使用的用户告知和授权，这不仅给用户的信息安全带来了更多的保障，也进一步增强了人们对于隐私保护的意识。

孟 洁
环球律师事务所合伙人

> **延伸阅读**

美团为用户隐私保驾护航

美团作为领先的服务电商平台,通过多种方式保护用户隐私,把隐私保护理念融入产品设计与开发流程中。例如,用户在点外卖下单时,在订单详情下的列表可以看到"号码保护"功能。"号码保护"功能默认开启,商家和骑手只能通过临时生成的虚拟电话号码联系用户。订单完成后,虚拟号码自动作废,商家和骑手无法获知用户的真实电话号码,从技术上避免了用户信息泄露的风险。在酒店预订业务中,酒店接单前无法查看预订人的姓名和电话,接单后只能看到被随机分配的用户"隐私号",订单结束后亦无法查看。在网约车业务中,司机与乘客联系时只能看到对方的"隐私号",订单结束后该虚拟号即失效。

美团仅在上述隐私号保护系统上的投入每年就高达上亿元,用前沿科技保障用户安全,以实际行动切实地履行着企业的社会责任。

"号码保护"功能为用户隐私保驾护航

人均GDP增长的直接体现之一，就是服务消费的增长。这不仅是统计数字的变化，而且是社会成员行为方式的改变，更是社会文明程度的提升。服务消费从吃穿用行领域，逐渐扩展至由精神需求而产生的消费，这不仅仅是消费升级而导致的消费模式的变化，更是生活品质和文明标准的变化。这样的品质和标准，将小康社会的目标具象化展现在人们的面前。

文明标准的提升，必将影响人际关系以及各种社会关系。隐私需求就是这种文明标准及其生活方式的必然结果。中国人隐私意识的增强恰与大数据的应用迎头相遇。这样的相遇，让隐私保护的需求更为迫切，也让大数据应用所面对的挑战更为现实。保护个人隐私，就是保护文明社会的社会关系。这是互联网消费服务平台企业必须担起的责任。

产业篇

GDP 增长贡献率近六成，
服务业供给侧数字化刚起步

供给侧结构性改革的目的是提高我国经济发展的质量，根本是要从依靠土地、资本、劳动力等传统要素，转变为依靠科技创新、制度创新来驱动经济发展，通过创新驱动，让传统要素得到更优化的配置，从而更好地满足市场需求，并创造新的市场需求。

最近几年居民消费市场供给质量的改善和提升，与生活服务业数字化发展密切相关。新技术孕育了新业态，新业态满足了新需求，创造了新的细分市场。在包容审慎的监管思路下，这些新市场逐步孕育成为经济新动能。

党的十九大报告和近几年政府工作报告都提出要发展和壮大数字经济。党的十九大报告明确指出："要推动互联网、大数据、人工智能和实体经济深度融合，在中高端消费、创新引领、绿色低碳、共享经济、现代供应链、人力资本服务等领域培育新增长点、形成新动能。"数字平台可以凭借大数据迅速整合资源，使产业尤其是服务产业与需求对接，组合成为产业长链，并在供给侧结构性改革中发挥关键性作用。

老字号商家通过数字化技术焕发新颜，新入行的创业者也有了更完备的数字化基础设施；生活服务业、生产服务业和工业通过数字化技术串联形成更高效率的产业链；"互联网+监管"和制度层面的大胆创新为服务业发展注入了新动力。这些变化已经在过去的一年中显现，但还只是开始。

数字化让老店焕新,让新店更好

苏州的荣阳楼开始上网采购食材,北京的护国寺小吃接入了外卖业务,庆丰包子铺也对门店进行了升级改造,通过SaaS系统管理点餐和收银……这些曾经"酒香不怕巷子深"的老字号,为了适应年轻群体的消费习惯,提升门店效率,正在寻求新的转变,纷纷拥抱数字化。

老字号源远流长,凝聚了人们代代相承的独特生活和价值情感,具有广泛的群众基础和巨大的品牌价值、经济价值和文化价值。在1128家商务部认定的中华老字号中,创新力差、组织机制陈旧、人才匮乏是阻碍其发展的几大原因。对此,2017年,商务部、国家发改委等16个部门联合印发的《关于促进老字号改革创新发展的指导意见》提出,要深入推进供给侧结构性改革,支持老字号线上线下融合发展、创新经营管理模式。与此同时,各家老字号也开始积极拥抱数字化,发挥互联网、大数据、物联网等在营销、店面管理、服务提升等方面的作用。

这些"触网"措施让老字号焕发出新的活力。美团对全国246个城市的约3100家品牌门店统计的数据显示,餐饮"老字号"的线上订单量呈逐年增长态势;从数字化经营模式看,在餐饮"老字号"门店中,有近49%的门店开通了外卖业务,近19.3%的门店开通了团购、预订业务,23.5%的门店开通了扫码收银,越来越多的老字号通过数字化工具开展服务。

"过去的品牌传播,靠的是街头巷尾的口耳相传,受空间和时间的限制。而外卖平台的高曝光量,能在更广的范围、以更快的速度,提升品牌知名度,堂食销量自然也跟着得到提升。"始于1958年的老字号——上海一心斋传承人马旺林这样介绍。

此外，不少老字号还契合新的消费需求，开展灵活营销，研发适应市场需要的新产品，摇身一变成了年轻人眼中的"新网红"："大白兔奶糖"携手国货品牌"美加净"，推出"大白兔奶糖味"润唇膏，让年轻消费者心动；北京稻香村推出自助中式糕点店——"稻田日记"，清新的环境和精巧的甜点深得年轻人喜爱；有着78年历史的生煎老字号大壶春也顺应健康、素食等流行趋势，开发了草菇生煎等新口味，引得年轻人排队购买……创意满满的时尚新品，颠覆了人们此前对老字号产品"墨守成规"的印象，使得老字号逐渐走入年轻群体。

专家观点

老字号拥有良好的商誉和过硬的品质，随着年青一代逐渐成为老字号的传承人，他们从营销、管理等多方面"触网"创新，利用数字化革新了经营理念和经营方式，让老字号重新焕发出活力与生机。在我看来，老字号主动"触网"，找到了一条与年轻消费者沟通的全新通道，大大增强了品牌动能。因此，老字号既要坚持传承，又要在保持传统优势的情况下主动拥抱变化、拥抱互联网，为老字号插上数字化的"翅膀"。

张　健
中国商业联合会中华老字号工作委员会秘书长

> 延伸阅读

百年老字号建新园借互联网升级

光绪三十二年（1906），吕贵在昆明市宝善街开起了一家煮品店"三合春"，主营凉米线、小锅米线等传统滇味小吃。这便是云南百年老字号米线店——建新园的前身。经过几代传承人的用心经营，2006年，建新园被商务部评为"中华老字号"，是第一批获评的中华老字号企业。

张美楷13岁开始学厨，21岁来到建新园，此后的数十年间凭借着正宗的过桥米线手艺，在国内大大小小的厨艺大赛中获奖无数。但随着互联网大潮来临，从前只专注于味道的大厨，在经营上却遇到了前所未有的难题。一方面是层出不穷的各类新式餐厅，另一方面是年轻人日新月异的就餐方式，传统老店逐渐无法满足消费者日益多样化、个性化、特色化的餐饮消费需求。

建新园第三代传承人张美楷与他的徒弟们

一位骑手在建新园取餐

2016年，建新园正式接入美团外卖。美团开始给古老的建新园注入"新鲜血液"。

起初，建新园把店里原有的菜单一股脑儿全搬到了线上，但外卖始终不温不火。原因在于，在线上没办法与客人直接互动引导，很多老客人找不到产品，新客人则不知道点什么。店长们通过分析外卖的相关数据，对线上菜单进行了一系列调整：设置菜单分类，主食、小菜、米线等分门别类排列好，还作出"进店必点"等系列推荐，方便食客选择；针对线上外卖客群的新需求，开发专门针对外卖设置的套餐和新品；同时，结合所在商圈消费者的口味分析，在主打产品——米线保持不变的情况下，调整推出更适合客人口味的小吃品类。

建新园还开始尝试新的营销方式。为了迎合年轻人口味，建新园在美团外卖上同步推出了榨菜0.01元的米线套餐，主动地"蹭热点"。这些尝试受到年轻群体的欢迎，他们开始成为建新园的新增客群。

如今，建新园外卖日均单量已经突破2500单，美团外卖的袋鼠学院微信公众号也成为店长们最常看的"读物"。数字化不仅让建新园的经营焕发了新的生机，也让"过桥米线制作技艺"这项非物质文化遗产，在第三代传承人张美楷的手中得以更好的传承。现在，这家老字号已经是到昆明旅游者的一个必选项，大家都想亲自尝尝"非物质文化遗产的味道"。

数字化不仅让老字号焕然一新，也给了新商户快速发展的机会。《中国餐饮报告2019》显示，餐饮门店每年以超过23%的速度在增长，大量新餐饮门店的出现在助转型、稳增长、扩消费、惠民生、促创业、增就业等方面发挥了作用，但由于市场竞争压力大，新型门店也需要不断应用数字化技术，才能更长久地生存。从大数据选址，到开通外卖服务，再到根据用户评价来调整菜品，这些数字化方式在提升经营效率的同时，也优化了消费者的体验。

以"探鱼"为例，这家成立于2013年的烤鱼品牌，在美团外卖的帮助下，创新性地开发出了烤鱼外卖，以科学、讲究又不失调性的外卖包装和餐具，提供了接近堂食的体验。从试水外卖到深度运营，"探鱼"的外卖业务在两年间实现销售额破亿元，成为众多同行羡慕、学习和模仿的"范本"。

> **延伸阅读**

外卖销售额破亿元，"探鱼"借力"第二门店"实现飞跃

外卖的兴起已悄然改变了国民生活方式，让人们多了一种用餐选择。外卖同时也扩展了传统餐饮门店的消费半径，成为餐饮商家的"第二门店"。6岁的烤鱼品牌"探鱼"就借力美团外卖实现了快速发展，成为行业内唯一一家外卖销售额破亿元的品牌。

同许多餐饮门店一样，"探鱼"刚开始做外卖时也担心影响堂食生意，在创始人的拍板下，"探鱼"决定把外卖做成品牌的线上延伸。"探鱼"外卖从一开始没有经验、没人负责，到后来成立专门运营小组，每周、每月定期跟美团团队进行复盘和改进，充分利用了美团外卖新颖的营销策略及强大的数据支撑。

美团外卖与"探鱼"分析了广州和深圳两地的用户数据，发现广州的用户比较喜欢吃排骨，套餐里喜欢荤素搭配，而深圳的用户更喜欢偏肉类一些，而且是鱼肉和鸡肉的混合。基于这些数据分析，"探鱼"接受了美团外卖推出套餐的建议，第一款是排骨虾，第二款是烤鱼和泡泡虾，效果非常好，迅速打进了热销榜。

"探鱼"并不满足于单人份烤鱼爆款的成功，而是基于美团外卖平台大数据的不断总结、优化，酝酿推出差异化新品。例如，"探鱼"梳理出主要用户群体以80后、90后为主，最适合推新品的空缺价格区间是50～80元，为品牌的定价提供决策依据；又如，"探鱼"梳理美团外卖用户反馈，掌握了广州、深圳顾客的口味偏好，比如猪肉相对更受欢迎、喜欢海鲜菜品，甚至哪些菜式建议加青菜等，从而更有针对性地研发新的餐品。

此外，"探鱼"提出了"60分钟没送到就免费送""不好吃无条件退换""有意见建议打八折"三条类似于堂食的服务承诺。其所依赖的正是美团外卖强大的系统支撑和灵活的骑手调配。

仅用了一年时间，"探鱼"外卖单量就从全国第七做到了全国第一，是所有竞争对手的3倍。借助美团外卖在平台流量、配送效率等方面的优势，"探鱼"获得了巨大流量，实现了营收增量，成为外卖"第二门店"的优秀"范本"。

延伸阅读

国民快餐和合谷的数字化生存之道

和合谷是国内知名快餐品牌，也是最早一批入驻外卖平台的品牌商户。但在接入外卖平台伊始，其"堂食为主、外卖为辅"的经营策略使外卖业务一直不温不火，加之第三方配送慢等问题，外卖对和合谷业绩的贡献十分有限。2017年，和合谷接受了美团外卖的建议，将"堂食为主、外卖为辅"的经营策略升级为"巩固堂食、攻爆外卖"，全面接入美团专送，并很快实现了月外卖订单量翻倍。

美团外卖联合和合谷打造的电影跨界主题餐厅

使用美团外卖平台后，和合谷通过平台大数据的综合分析，不断丰富菜品，上线了高频外卖品类关东煮，获得了消费者的喜爱；还根据美团上用户的评论增加了四季大拌菜、炝炒圆白菜、白灼西蓝花等膳食均衡的蔬菜，在满足顾客就餐品质要求的同时，也增加了自身的营业收入。

基于美团的数字化营销能力，和合谷也实现了线上品牌推广。一方面，通过美团和合谷界面上的"品牌故事"介绍，让顾客加深对品牌的了解；另一方面，美团精准推送的能力也让其菜品更加准确地出现在目标客户的手机中；与此同时，依托大数据对畅销菜品的分析，和合谷还对折扣菜单进行了重新设计，销量随即直线上升；此外，在美团的撮合下，和合谷与热门电影达成了跨界合作，吸引电影爱好者前往就餐。比如，线上线下同步推出的《老师·好》电影主题套餐就取得了良好的效果，活动期内和合谷的访问人数、转化率和下单人数均有明显提升。

通过数字化升级，外卖业务已经成为带动和合谷营业收入增长的新引擎。

> 延伸阅读

数字化夯实创新创业基础,"有戏电影酒店"创造"不一样"

数字化技术与平台正在为越来越多的年轻人创新创业提供新舞台。"有戏电影酒店"便是一家具有深刻数字基因的主题酒店,从创业之初到布局全国,都留下了数字化的烙印。

"有戏电影酒店"的创意来源于河北大学7个大学生的一份融资PPT。领军人物贾超在酒店业摸爬滚打多年,核心团队基本都是80后。该酒店的客户群体83%为85后,60%为男性——这部分人敢尝鲜,接受新鲜事物快,是美团等平台的主要用户,也是网络预订的主力。基于此,自2016年启动运营之始,"有戏电影酒店"就接入了美团平台;而美团为"有戏电影酒店"导入的流量也是显著的,通过美团实现的订单量占比超过了40%。

与此同时,贾超和他的团队在经营管理中也不断引入数字化的经营方式和工具。美团酒店商家App中有"提醒待回复差评""用户画像""针对不同房型的流量统计"等功能,为酒店经营提供了决策依据。例如,"有戏电影酒店"根据美团数据分析,为全家人、姐妹淘、老同学聚会娱乐专门配备了"团伙房",每到周末或遇到重大活动,"团伙房"的销量便激增。又如,美团平台大量的用户评论(包括差评)可以帮助酒店提升服务质量,"有戏电影酒店"各门店都指定专人对用户评价进行回复、分析,核实差评的改正以及合理化建议的采纳。2018年,该酒店北京门店在美团平台上的综合评分达到了最高的5分。

"有戏电影酒店"房间内景

借助美团等数字化平台,"有戏电影酒店"的入住率达到92%,营业收入保持快速增长态势,良好的发展前景也赢得了资本的青睐。2019年4月,"有戏电影酒店"又完成了数千万元的A+轮融资。

▶ 海底捞和喜茶的背后，餐饮已经不是餐饮业本身

2019年，越来越多的服务业者开始研究海底捞和喜茶两大品牌是如何炼成的。一个是成立20余年，从一家普通火锅店快速扩张到拥有300余家连锁店、14000多名员工的民企500强；另一个是短短五年内从不温不火到风靡一线城市的网红饮品店。它们都用优质的服务和精致的口味获得了消费者的喜爱。究其原因，都离不开完整产业链的支撑。

海底捞2019年市值已近2000亿元人民币，全年总营收也达到了265.56亿元人民币，其独特的管理机制、贴心的服务和完善的供应链体系被很多企业效仿。尤其是供应链建设，更是堪称业界标杆。为了保证菜品高度标准化，海底捞建立了覆盖上、中、下游的完整供应链体系。其中，上游企业蜀海供应链致力于从产地化管理到仓储配送全流程标准化，既有完善的底料、牛羊肉、蔬菜加工体系，又有覆盖全国的物流网络，重点打造冷链系统，具有研发能力强、食品安全控制严格等优势；中游的颐海国际专注于快速增长的中高端市场的火锅调味料，并坚持根据市场推陈出新，如今也已经成为国内餐饮标准工业化与供应链管理的领军企业；此外，下游也有蜀韵东方和微海咨询负责门店的装修与人力资源服务，等等。

从食材供应到调味品研发，海底捞对供应链的深度把控，不仅降低了采购成本、保证了食品品质，还使其更专注于餐饮核心业务，实现规模化增长；更难能可贵的是，这些最初为支持海底捞餐厅而成立的关联公司，如今已经拥有成熟的第三方业务，并成为行业龙头。海底捞作为火锅品牌，成为餐饮行业、服务业的标杆，

离不开上游的蜀海、中游的颐海以及下游的蜀韵东方与微海这些工业化企业的发展和壮大。在这一过程中，海底捞已不再是单纯提供就餐服务的餐饮机构，而是一个带动工业、农业等全产业链融合的集团。

专家观点

供应链能力正在逐渐成为连锁餐饮企业的核心竞争力。如果一家餐厅没有一定比例的产品来自上游供应链生产或半加工，必然会影响到餐饮门店的效率及用工成本，也就无法实现产品和口味的标准化，门店快速复制更无从谈起。因此，中国餐饮行业要实现规模化、连锁化、标准化发展，需要与上游食品加工行业实现深度联动。中国作为全球生产中心，已积累了大量研发和制造能力，拥有全球最强大、效率最高的供应链生产服务体系，可以说，中国餐饮市场大型连锁餐饮品牌发展的红利期已经到来。

白秀峰
美团大学餐饮学院院长

喜茶是近年来备受消费者喜爱的茶饮品牌。截至2019年12月31日，喜茶在全国43个城市开了390家门店，年销售额达到35亿元。美团旗下产业基金龙珠资本十分看好其创始人聂云宸的敏锐嗅觉和快速成长能力，并于2018年4月投资4亿元支持其完成B轮融资。谈及喜茶的成功，聂云宸曾在接受采访时表示，西方快餐的标准化给了喜茶很大的启示。喜茶从茶叶种植、采购、配送，到生产环节的全部流程，都采用流水线作业，且可以实现规模化复制。比如在原料环节，喜茶不仅自己种植了茶园，还与原产地茶园深度合作，签订独家协议，帮助改良土壤、改进种植和制茶工艺；在供应链环节，喜茶尝试数字化管理，可以进行数字化门店补货、合理采购，以此减轻库存压力；此外，在生产环节，喜茶将制作一杯茶的流程拆分成下单、制茶、铲冰、打杯、出杯等多个模块，每个模块由不同的人负责，既缩短了制茶时间，也不会因为某一环节出现意外而影响口感。这些标准化的流程是喜茶品质的保障，也是推动上游农业、制造业高质量发展的动力。

与此同时，值得关注的是，近年来餐饮业配套的产业链也因为新业态的出现而得到进一步完善。以外卖行业为例，近年来平台方和外卖餐盒上下游企业都在探索更为环保的包装方式，使得上下游制造业的业务模式更加健全。比如，美团外卖推出"青山合作伙伴计划"，联合外卖行业上下游企业，共同解决外卖行业的环保问题，从包装减量、循环利用以及环保公益三方面推进行业环保化进程。其他平台也开始研发可降解新材料技术在外卖包装领域的应用，并陆续在上海普陀区的环保示范区试点投放。

无论是海底捞的"自给自足"，还是喜茶与上游企业的深入合作，抑或是外卖行业的多方合力，都不难发现，虽然中国经济结构在发生着深刻的转型，但综合来看，农业、工业与服务业并非完全此消彼长，而是处在协同发展的过程中。

在产业融合的下一步发展中，政府层面也优化了政策环境和体制机制。2019年11月，国家发展和改革委员会等15部门联合印发的《关于推动先进制造业和现代服务业深度融合发展的实施意见》明确指出："到2025年，形成一批创新活跃、效益显著、质量卓越、带动效应突出的深度融合发展企业、平台和示范区。"这为培育中国融合发展新业态、新模式，探索重点行业、重点领域融合发展新路径方面，提供了明确方向。

专家观点

在中国已经进入服务经济时代的背景下，传统的产业边界逐渐被打破，产业间分工日益细化、产业深度融合成为普遍的大趋势。随着服务业在国民经济中的贡献越来越大，制造业的服务化、服务业的科技化以及服务业与农业产业链的融合尤为重要。一方面，可以为服务业的规模化、连锁化发展寻找新的动能；另一方面，可以借力服务业做大做强现代工业和现代农业，实现三产联动发展，这对于我国经济迈向高质量发展具有重要意义。

夏杰长
中国社会科学院财经战略研究院副院长

延伸阅读

3年245个城市1100家门店，"堕落虾"标准化加速规模化进程

国内小龙虾餐饮品类的龙头企业"堕落虾"创建于2015年，3年内在全国245个城市开设了1100家门店，其快速发展的背后是从虾源地到餐桌的全流程标准化。

创始人李林渡有多年食品工业领域的从业经验，他意识到：若想改变中餐手工作坊式的生产形态，首先就要实现标准化，也只有实现标准化，才能更好地保证食材加工的安全、稳定、高效，进而降低消费门槛，扩大消费群体。

"堕落虾"全方位改造了小龙虾产业链，建立了标准化流程。

改造后的小龙虾产业链的上游，"堕落虾"直接与湖北、湖南、安徽等养殖大省当地的养殖大户开展合作，自建或合资参与小龙虾的养殖环节，建立养殖标准；同时，与"堕落虾"合作的养殖大户会在

小龙虾成熟季,定时定点捕捞小龙虾,而后集中送至附近的加工厂进入流水线,采用工业化技术完成洗虾、烹饪、调味,产出制成品。

"堕落虾"外卖产品图

在运输方面,"堕落虾"使用液氮锁鲜技术,将制成品在零下18℃的环境下迅速冷冻,而后开始全国配送,损耗几乎为零。而在门店运营方面,门店收到加工好的制成品,仅需复热小龙虾,做简单的二次加工即可,时长3分钟。这种标准化的制作流程效率高、品质稳定,为餐饮门店开展24小时经营提供了保障,不仅可以保证消费者得到好的用餐体验,还可以扩大餐饮门店的经营范围,延长餐饮门店的经营时间。

同时,"堕落虾"可以为加盟店提供包括品牌、产品、设备、宣传、包装等一系列解决方案,而加盟店只需负责场地、人员和经营时段,使餐饮运营基础较低的"小白"也同样可以开设门店。

依靠着全产业链标准化体系的支撑,"堕落虾"实现了快速扩张。在餐饮品牌走向连锁的道路上,通过技术手段赋能的标准化生产无疑是"堕落虾"脱颖而出的"制胜之匙"。

▶ 生活服务业供给侧升级
需要数字化，也需要优化制度保障

2019年，许多媒体将视线聚焦到小餐饮商户办证难这一问题，相关的报道也引发了人们的广泛关注。这一情况反映了当前服务业在数字化技术手段的赋能下衍生出众多的新业态、新模式与现有制度存在不适配的问题。除了小餐饮商户办证难、民宿客栈管理制度滞后，医疗美容专业诊所、执业医生、药品器械的供给也受到一定限制。

生活服务业供给侧升级，需要制度层面的新保障。2019年共召开了41次国务院常务会议，其中有70%的议题涉及"激发市场活力"，代表政府层面近年来已经在积极推进制度创新。以餐饮行业为例，2019年5月9日，党中央、国务院印发了《中共中央 国务院关于深化改革加强食品安全工作的意见》。这是首个以党中央、国务院名义发布的食品安全纲领性文件。文件指出，食品安全治理要坚持"放管服"相结合，减少制度性交易成本，深化食品生产经营许可改革，优化许可程序；同时，文件还指出，要推动食品产业转型升级，加强与电商平台深度融合。对于餐饮行业而言，文件是制度供给改革的行动指引。地方政府也在着力解决中小餐饮企业长期存在的办证难问题。上海、浙江、湖南、湖北、河南、河北、广东、广西壮族自治区、黑龙江等29个省份均通过制定地方食品安全立法和监管政策等方式，推进小餐饮企业登记备案制管理，将小餐饮企业依法纳入食品安全治理的轨道；其中，有22个省份还同时允许或试点允许小餐饮企业依法开展线上线下经营，积极适应互联网经济的发展趋势，推进餐饮行业线上线下协同治理。甘肃省更是根据地区产业优势，在《关于促进兰州牛肉拉面产业发展的意见》中提出，改善中小牛肉拉面企业发展环境，建立中小餐饮企业服务体系，在企业经营、技术研发、发展规划、信用担保和金融服务等方面加大扶持力度。

无独有偶，有着"医美之都"称号的成都在2018年印发了《成都市加快医疗美容产业发展支持政策》，其中不乏为医疗美容行业提供开业税务、审批和后期检查指导窗口这样落到实处的政策内容。此外，成都还配套了人才引进培育、学科建设、"产学研"一体化等政策。在政府侧的大力支持下，成都的医疗美容产业得以快速发展。《成都医疗美容产业发展规划（2018—2030年）》数据显示，截至2018年10月，成都医疗美容机构达372家，较2016年的159家增加了213家。2020年1月1日正式施行的《厦门经济特区旅游条例》为民宿商户开出绿色通道。开办民宿的商户只需按照要求到所在的街道或镇政府去备案即可。诸多立法都着眼于可操作性，以期真正推动行业的规范和高质量发展。

与此同时，地方政府在改善营商环境的过程中，也在逐渐尝试与互联网平台合作。比如，济宁市高新区与美团合作开展网络餐饮商户质量安全提升培训会议；深圳市龙岗区政务服务数据管理局推出"免费证照帮办服务"，为商户办理证照提供面对面指导；济南市国家税务局也与腾讯微信合作推出了微信办税服务平台，具有预约取号、实名办税、社保缴费等多种功能，简化了小商户纳税流程。

> **延伸阅读**
>
> ### 小微餐饮商户办证难，政企合作创新解决方案
>
> 我国餐饮行业集中度较低，中小餐饮商户构成了我国餐饮业的主体。但是这部分商户在办理相关资质证照和接入电子商务平台等方面仍面临许多门槛和限制，有的省份明确小餐饮商户取得登记备案凭证后可以入网，有的默许入网经营，有的却明确小餐饮商户饮取得登记备案凭证后不得入网经营，有的甚至未对小餐饮商户入网经营问题作出明确规定……这些已经成为阻碍小餐饮商户健康发展的因素之一。基于此，各地政府也正在通过与美团等平台合作开展各种创新与实践。

2019年11月7日，济宁市高新区市场监督管理局联合区行政审批局，围绕餐饮证照"小升大"等内容主持召开网络餐饮商户质量安全提升培训会议。近100名小餐饮商户及地区业务代

培训会现场商户们踊跃登记

表在美团平台的号召和组织下参加培训。次日下午，滕州市市场监督管理局餐饮科、市行政审批局等相关领导为到场的100多名商户进行专门辅导，耐心讲解办证流程和关键点，指导填写申请书与委托书，有针对性地对如何分辨经营范围进行讲解，告知需要办理食品经营许可证的具体经营项目，并列明详细的材料清单、一次性告知提交材料等，解决了小餐饮商户的"办证"疑惑。

又如，深圳市龙岗区政务服务数据管理局根据辖区小商户众多、商事活动活跃的特点，先后开展了"开设小餐饮店""开设美发店""开设美容店"等11个主题式服务事项，并在街道行政服务大厅设立了"主题办"服务窗口，为50平方米以下的小餐饮店、美发店的开设提供一站式主题服务，实现群众"一次到场，全部搞定"的服务场景。与此同时，龙岗区政务服务数据管理局携手美团开展"免费证照帮办服务"，商户如果有意愿进驻美团平台经营，便可以在开店筹备阶段，向美团申请免费证照办理的辅助申办服务；美团将会提供营业执照办理、食品经营许可证办理、门楣招牌备案等一系列证照辅助申办服务，辅导商户完成从办证到营业的全流程手续。

美团等互联网平台的兴起为政府更好地实现监管与履行服务职能注入了新的动力，发挥网络平台的大数据优势，积极配合地方政府部门，通过信息化技术管理手段，为共同规范市场经营秩序、推动市场主体健康发展助力。

专家观点

考虑到中国餐饮行业以中小微商户为主的结构特点，探索符合小餐饮特点的地方食品安全立法和管理措施，是"放管服"改革的生动体现，既有利于提升食品安全保障水平，也能够推动餐饮行业高质量发展。各地运用法治方式，设定符合小餐饮实际情况的准入门槛，把小餐饮等业态规范起来，体现了科学立法、精准立法的良好实践。

刘金瑞
中国法学会食品安全法治研究中心研究员

数字化运营和非数字化运营标志着供给侧产业中的企业代差；而依托电商平台的数字化运营和非依托电商平台的数字化运营，则标志着商家在市场中的占位势差。网红店的"诞生"，"堕落虾"的扩张，都是电商平台优势的显现。数字化平台，为运营方式和管理手段的进阶提供了不断向上的"垫脚石"。

不仅如此，数字化平台在优化市场配置、提高市场效率的同时，也在重新定义市场主体与监管者的边界和关系。电商平台的数字化赋能，不仅仅是给平台商户赋能，也是在为监管者赋能。数字平台，使平台的管理功能与商户的业绩增长呈正相关的激励关系，使政府相关部门的服务更到位、监管更准确、制度供给更契合实际需求。

新职业篇

外卖骑手进入"职业大典"，新职业的背后是经济新动能

2019年，外卖骑手在庆祝中华人民共和国成立70周年群众游行活动中的精彩亮相令人印象深刻。随后不久，外卖骑手以"网约配送员"的名称进入了《中华人民共和国职业分类大典》，正式成为一个新职业。

外卖骑手可能是人类有史以来最大规模的依靠数字化能力而工作的劳动大军，他们奋斗在路上的背后，是人工智能和大数据共同支撑的智能实时调度系统。新职业的背后是经济新动能，从20世纪八九十年代珠三角的"外来妹"，到21世纪以来建筑工地上的"外来务工人员"，再到现在大街小巷的"外卖小哥"，折射的是产业结构的流变，映出的是数字经济的"朝霞"。

外卖骑手之外，还有酒店收益管理师、密室设计师等不断涌现的新职业。生活服务业的发展，让三百六十行变为三万六千行。如何从制度层面打破藩篱，让新职业群体更好地支撑经济新动能的培育和发展，通过政府、网络平台、产业的良性互动，让新职业群体有成长、可持续，不仅关乎就业这一最重要的民生问题，还关乎我国经济更好地转向高质量发展。

收益管理师、"轰趴"管家、密室设计师等涌现，生活服务业成为新职业的摇篮

党的十九大报告指出："就业是最大的民生，要坚持就业优先战略和积极就业政策，实现更高质量和更充分就业。"2019年，就业优先政策首次置于国家宏观政策层面，"稳就业"成为"六稳"之首。

随着我国经济从高速增长转向高质量发展，数字化能力在驱动经济增长形成经济新动能的同时，为新职业的涌现提供了基础，日益成为吸纳与稳定就业市场的重要力量。《中国数字经济发展与就业白皮书（2019）》显示，2018年中国数字经济领域就业岗位为1.91亿个，占全年总就业人数的24.6%，同比增长11.5%，大大高于同期全国总就业规模增速。

其中，生活服务业因领域宽、范围广，涉及人民群众生活的方方面面，随着数字化程度的不断提高而成为新职业诞生的摇篮，提供了更多的就业选择。以近年来蓬勃发展的外卖行业为例，外卖业务的迅速拓展，扩大了传统餐饮门店的服务半径，增加用工需求的同时也创造了外卖骑手、外卖运营规划师、线上餐厅装修师等新就业机会。美团外卖数据显示，平均每个餐饮经营单位吸纳就业5人，并且会有25.16%的餐饮老板招聘新职业人才，专门负责网络运营。

外卖配送对于就业的拉动作用更为直观。2019年，根据公开数据推算，网约配送员（即外卖骑手）从业人员数量约1300万人，已成为重要新职业之一。因为其运行调度完全依托以人工智能和大数据为基础的手机App，所以这一新职业群体是首支以数字化能力为基础的劳动力大军。

延伸阅读

外卖骑手成为稳定就业的"蓄水池"

近年来,伴随着互联网外卖服务在消费者生活中的日益普及,外卖产业创造了大量就业机会。其中,外卖骑手作为一种新的就业形态,成为吸纳就业的"蓄水池"。

美团数据显示,2019年通过美团获得收入的骑手总数达到399万人,同比增长了23.3%,有效带动了社会就业。其中,骑手青壮年特征明显,20~40岁的占比超过83.7%;所有骑手中,男性占比93.3%,高中及以下学历占比超过82.0%。与此同时,2019年共有56.8%的外卖骑手实现本省就业,总占比接近六成。河南、山西、广西壮族自治区、江西、安徽、黑龙江、甘肃、四川、贵州、湖南等省份的本省就业率排名前十,均超过88%。

就业时间灵活是骑手工作最显著的特征,也是吸引骑手的最重要原因。调查结果显示,64.0%的骑手对时间灵活最为看重。

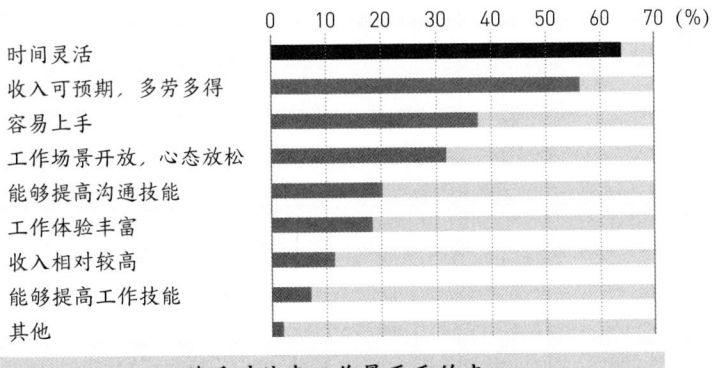

骑手对外卖工作最看重的点

外卖骑手就业灵活性强,已经成为许多贫困地区人口进入城市实现迅速就业的重要途径,也成为贫困人口增加收入、实现稳定脱贫的有效手段。

2019年,在美团平台就业的外卖骑手中,有25.7万人是建档立卡的贫困人口,占骑手总量的6.4%;其中,已有25.3万人实现脱贫,脱贫比例高达98.4%。

骑手工作时间灵活、自由度高、收入有保障、可就近就业，吸纳了农民工、女性劳动力、贫困人口及高学历大学生等群体全职或兼职加入，在带动就业上能覆盖更多的人群。

来自美团平台的数据显示，2019年，通过美团平台获得过收入的外卖骑手共399万人，日活跃骑手数量超过70万人。其中，77%的骑手来自农村，67万余人来自国家级贫困县；31%的骑手来自去产能产业的工人；大专及以上学历的骑手占比将近20%；35%的美团骑手有其他收入来源。骑手工作的灵活性为劳动者增加收入提供了可能。

> **延伸阅读**
>
> ### 退伍军人成外卖骑手，终圆国庆阅兵梦
>
> 2019年，29岁的骑手高丰是一名退伍军人。2008年，18岁的高丰应征入伍，在哈尔滨服役，军营生活锤炼了他的钢铁意志，而未能参加中华人民共和国成立60周年阅兵仪式成为他最大的遗憾。
>
> 退伍后，高丰做过多份工作，他在事业单位上过班，还当过保安和建筑工人。2018年4月，高丰离开家乡，到北京做了一名美团外卖骑手，成为万千外卖骑手大军中的一员。做外卖骑手很辛苦，风里来雨里去，也会在陌生的街道或小区里晕头转向。高丰逐一克服了遇到的困难，在这个多劳多得的行当，收入也比之前增加了不少。在美团外卖三元桥配送站点，高丰的表现一直很优秀，工作数据很"拔尖"。
>
> 作为一名军人，能参加国庆阅兵仪式是至上的光荣，高丰梦想着有一天能成为其中的一员。这个梦想伴随高丰度过了5年的军旅生涯，退伍后也一直不曾黯淡。2019年是中华人民共和国成立70周年，高丰接到通知，他可以参与选拔，有机会成为群众游行方阵的一员。他激动地报了名并成功入选，成为群众游行方阵的14名外卖骑手之一，一同入选的还有高丰的妻子董婉秋。

骑手高丰与妻子董婉秋

董婉秋来北京前,曾做过培训学校的辅导老师和幼儿园教师。高丰来北京做骑手后,不愿同丈夫两地分居的董婉秋便在2019年春节后跟丈夫一起成了"北漂",甚至为了能照顾丈夫的生活,跟丈夫一起做起了外卖骑手。夫妻二人相扶相携,堪称佳话。

这对骑手夫妻,不仅通过勤劳与踏实一步步创造着幸福,更是在平凡的岗位上作出了不平凡的贡献,成为千千万万踏实奋斗的劳动者的代表,赢得了国家的认可和社会大众的尊重。

> 延伸阅读

国贸"单王"白玮——专业骑手的养成之路

2019年,白玮30岁,老家在甘肃庆阳某县城,是全国有名的贫困县。2006年,初中毕业的白玮开始外出打工,去过东莞、广州、上海、新疆维吾尔自治区,进过工厂,当过门卫,做过装修……

2017年,白玮跟着妻子来北京找姐姐,一个偶然的机会,白玮加入了美团外卖,成为国贸站的一名外卖骑手,一干就是3年。刚来的那年春节,白玮就成了站里的"单王",订单完成数量高居榜首。在外行看来,成为"单王"靠的是勤奋,白玮却在日复一日的工作中琢磨出了门道。

对于配送位置,白玮对国贸附近的环境已经了然于心。日复一日地穿行在国贸的楼宇间,每一栋楼都烙刻在白玮的脑子里。他在自己脑中画出了一幅国贸区域地图，一看地址就能立刻在脑海中对应到具体的位置，甚至能快速规划出送达的最佳路线。

在配送过程中，白玮发现写字楼电梯排队的人多，很浪费时间，于是15层以下的订单，他都是爬楼梯送达。不同的写字楼，对骑手有不同的要求：有的允许他们乘电梯，有的只让他们乘速度慢的货梯，有的则根本不让他们进入大楼。白玮牢牢地记住了这些差别，最大限度地节省自己的配送时间。

白玮还总结出了一些接单的规律：中午一点半到两点前，吃饭的人多，要多往饭店走，去"抢单"；下午两点到四点半，喝饮料的比较多，去饮料店绝对有单；周六、周日接单量会少一些，因为附近都是上班族。

干一行就爱一行、钻一行。看似随意的外卖配送工作背后，也有许许多多可以提升效率的门道和技巧。白玮头脑灵活，善于总结并利用规律，用巧干代替了蛮干，不仅自己在业务上做到了"单王"，也体现出了职业骑手的专业精神。

生活服务业数字化的持续，丰富了新职业供给的数量与类别，为待业人群择业提供了更加多元的选择。

2019年7月9日，美团联合21世纪经济研究院、智联招聘共同发布了《2019年生活服务业新职业人群报告》（以下简称《报告》）。《报告》数据揭示，新职业为处于择业期的青年提供了新的就业机遇，激活了他们的创新能力，80后、90后成了新职业的从业主力军。越来越多的年轻人愿意选择开一家小店或选择一个品牌加盟，实现了职业转向感兴趣或擅长的领域。STEAM教育①、线上餐厅装修、医疗美容、民宿、外卖运营规划、宠物、电竞顾问、CS教练、酒店收益管理、健身、结婚策划、育婴、产后修复、心理治疗、家居设计等新兴领域受到年轻人欢

---

① STEAM教育，是集科学、技术、工程、艺术、数学多学科于一体的综合教育。

迎，成为年轻人施展创意、追逐梦想的乐园。这也意味着更多高学历人才正在积极投身新职业。心理咨询师、整形医生、STEAM创客指导师等新职业从业者普遍具备本科及以上学历。同时，新职业也为工作经验丰富的从业者提供了就业机会，如洗浴汗蒸、足疗按摩、家政保洁等休闲娱乐、社区生活服务行业，吸纳了很多40岁以上的人员。

> 延伸阅读

《2019年生活服务业新职业人群报告》

新职业从业者年龄分布

年龄	比例
16~18岁	0.46%
19~24岁	22.12%
25~29岁	34.60%
30~39岁	34.95%
40~49岁	6.87%
50~59岁	1.00%

新职业从业者学历分布

学历	比例
初中及以下	6.73%
高中	11.92%
中专/技校	13.28%
大专	34.74%
本科	30.77%
硕士及以上	2.56%

选择这份工作的主要原因①

原因	百分比
行业发展快、前景好	38.53%
纯粹喜欢和热爱	31.74%
可以和不同人打交道	29.24%
好奇,我想尝试新领域	28.72%
工作时间灵活	24.75%
和我的专业/手艺对口	18.95%
赚得多	15.62%
工作轻松、离家近	13.73%
工作不好找,先拿这个过渡	10.78%
其他	2.36%

新职业从业者参加职业培训情况②

情况	百分比
有培训,公司组织的职业技能培训	34.84%
没有培训	28.79%
有培训,自己花钱参加的其他培训	27.94%
有培训,专业院校毕业,科班出身	22.94%

---

①② 该题目为多选题,因此百分比总和不是100%。

> 延伸阅读

酒店收益管理师成酒店行业就业新宠

2019年，消费者休闲度假行为持续增长，公寓、民宿等新兴酒店业态不断出现，我国酒店住宿行业逐渐迈入精细化发展时代。随着互联网、大数据等数字化能力向酒店行业的持续渗透，酒店运营越来越依赖OTA（Online Travel Angency，在线旅行社）平台、数据分析等，收益管理受到从业者的重视。

酒店收益管理师应运而生。具体而言，酒店收益管理师是对酒店未来收入预期的管理，基于对酒店细分市场的产品结构、定价方式、销售渠道、风险规避等层面进行统筹分析，从而帮助商家更好地经营。

2009年，魏云豪在西安市一家酒店负责预订管理，他发现酒店客房在销售中存在诸多问题，如客人临时取消订单会影响房间的有效销售；酒店的平均房价达到了预期，但入住率却不理想……魏云豪开始研究客源结构，分析客人的价格承受力，以及思考如何良性地提高酒店的订房数量。结合10多年的实战经验，魏云豪总结出自己的酒店收益管理方法论。

美团美酒学院酒店收益管理讲师魏云豪

2017年，美团美酒学院开设店长班课程，开始尝试收益管理教学内容。魏云豪成长为美团美酒学院的一名讲师，把他的专业经验分享给更多同行。同时，美团酒店研发的PMS系统和RMS系统，也成为他重要的决策工具。

如今，酒店收益管理师正成为更多酒店从业人员职业规划的新选择，随着数字工具和职业标准的完善，将推动酒店收益管理得到更广泛的应用，加速我国酒店现代化管理的进程。

> **延伸阅读**

"玩"出来的新职业——密室设计师的不设限人生

作为一种新兴的休闲娱乐形式,近年来,中国密室行业实现了快速发展,成为国民经济和服务消费新的增长点。美团发布的《2019年中国密室行业消费洞察报告》数据显示,从2016年到2018年,我国密室商户的数量从7331家增至10683家;2019年前三季度,密室线上订单交易额季度增长率都在45%~60%。

密室行业发展迅猛,催生了密室设计师这一新兴职业。他们大多学历较高、专业水平高,写剧本、懂音效、会设计、懂制图、懂施工……"十八般武艺"样样精通,既是"编剧",也是"导演"。

暴风岛沉浸式实景密室的创始人赵鹏翀便是其中的佼佼者。上海交大毕业的赵鹏翀,曾是一名高铁工程师。求学期间,赵鹏翀即涌起了对游戏的兴趣,在

暴风岛沉浸式实景密室创始人赵鹏翀

他眼里,密室行业是一个充满朝气、蓬勃发展、有巨大市场潜力的新兴行业。2017年,赵鹏翀创立了"暴风岛沉浸式实景密室"并亲手打造了"无人生还""白雾剧院"等爆款主题,首创的多线剧情概念,深受广大玩家欢迎。

在赵鹏翀看来,密室设计是一份充满了趣味性与新奇性的工作,主要工作内容一是开脑洞,二是构思具体的故事和人物,三是根据实景规划场地空间和动线,四是撰写文案和谜题,五是对接涉及的机关需求。一个好的密室设计师,核心是要能用有限的资源(空间、时间、演员)讲好一个故事。

从"高铁工程师"到新职业"密室设计师",赵鹏翀认为两者有不少共同之处,例如都追求产品细节的精益求精。

随着人们猎奇心理日益增强,密室行业在未来将会形成更有特色的娱乐项目,也将助力更多的爱好者进入行业成为密室设计师,展示热爱与匠心,不断地给玩家带去惊喜。

> 延伸阅读

有爱、有耐心的宠物摄影师

宠物行业正随着人们生活水平的提高进入高速发展时期。数据显示,2019年,中国城镇宠物(犬猫)消费市场突破2000亿元,整体消费规模达到2024亿元,比2018年增长了18.5%。

宠物行业的快速发展,带动了围绕宠物摄影的消费不断升温。美团数据显示,2019年,全国宠物摄影门店数量同比增长291%。行业对宠物摄影师的需求越来越大。

1987年出生的张天航被称为"中国专业狗狗摄影第一人",他是英国诺丁汉特伦特大学硕士,主修犬类摄影方向。回国后,张天航创立了北京英宠摄影工作室并担任王牌宠物摄影师。

很多人认为,拍宠物就像拍风景、拍人物一样,只要有好的设备和拍摄技巧,就能够拍出不错的照片。事实并非如此,成为一名好的宠物摄影师,最重要的是要"有爱、有耐心"。张天航认为,只有真心喜欢宠物的人,才会用心给它们拍出好的照片,"技术是可以教的,但爱心是与生俱来的"。

宠物对陌生人比较警惕,进入放松状态需要时间;有的宠物放到大自然里会乱跑,同时适合拍摄的宠物兴奋期非常有限。这些拍摄的难点决定了宠物摄影是一项非常具有专业性的工作,要有与宠物沟通的能力,用简单有效的方式跟它们互动,还要同时具备耐心等待和敏捷抓拍的能力。

2019年,张天航获得由英国犬业俱乐部(The Kennel Club)主办的年度摄影赛事——"狗狗摄影师大赛"二等奖,是全亚洲唯一入选的摄影师,也是该大赛举办14年来第一位获奖的中国摄影师。

如今,随着萌宠行业的不断升温,业内有越来越多的摄影师转行,从婚纱、亲子摄影领域转为专门做宠物摄影。在很多地方,宠物拍摄至

宠物摄影师张天航在给狗狗拍照

少要提前一个月预约,一些受欢迎的摄影师和热门主题甚至需要等上一年,还衍生出旅拍宠物写真套餐等新选择。宠物摄影师也从一个小众职业真正变成了热门职业。随着市场的发展和成熟,未来宠物摄影等细分领域仍具有巨大的行业潜力。

专家观点

随着"双创"的不断深入,新兴职业使劳动者蕴含着的活力与创造力得以激发和释放,投身三百六十行之外的新兴职业,折射出青年一代就业观念和人生观、价值观的升华。新一代年轻人选择职业更加自我,在注重内心体验的同时,更注重个人价值的发挥。

佟亚丽
中国人事科学研究院专家

新职业的发展，需要制度的新供给

2019年12月，《国务院关于进一步做好稳就业工作的意见》印发，支持劳动者通过灵活多样的形式实现就业，同时明确提出要完善政策措施，明确灵活就业、新就业形态人员劳动用工、就业服务、权益保障办法，启动新就业形态人员职业伤害保障试点，抓紧清理、取消不合理限制灵活就业的规定。事实上，我国新职业发展方兴未艾，处于不断变革与探索之中，国家制度的积极引导有利于新职业跑上规范化轨道，保证职业生态健康和可持续发展。

以网约车司机为例，我国出台的全球首个《网络预约出租汽车经营服务管理暂行办法》，肯定了网约车的运营地位，让网约车司机能更快拿到资质，规范司机的同时也更好地满足了公众多样化的出行需求；又如国家对电子竞技予以认可，电子竞技员、电子竞技运营师变成了正规职业，电竞人才有了更加规范的职业发展路径。国家制度给予新职业更多的发展空间与政策引导，是新职业成长的重大利好。

目前，我国新职业蓬勃涌现并不断发展壮大，例如，大数据工程技术人员、数字化管理师、农业经理人、物联网安装调试员等新职业，都拥有广阔的发展空间和良好的增长势头；同时，部分职业在新的语境下有了全新的职业内涵和从业方式，如健身教练、造型师、育婴师等。对于新职业从业者而言，新职业的不断发布有利于形成良好的政策导向，给人力资源市场就业服务的优化、相关就业扶持补贴政策的完善以及劳动者就业等提供有益的引导。因此，界定新职业、持续更新职业名录、引导和支持新职业发展，是一项紧迫的任务。

2020年2月25日，人力资源和社会保障部与国家市场监督管理总局、国家统计局联合向社会发布了第二批16个新职业名单，为进一步促进新职业标准的制定与规范发展奠定了基础。以第二批新职业名单中"网约配送员"（外卖骑手）为例，这一新职业信息的发布,意味着它成为一份国家承认的正式职业,大幅提升了社会大众的认知;政府相关政策及规范制定也更加有据可依,例如职业服装规范、职业等级规范、职业技能规范等,将推动职业生态更加健康;此外,网约配送员可以获得政府一系列鼓励及支持的政策红利,对于推动就业、促进社会稳定具有积极意义。

> **延伸阅读**

外卖骑手正式拥有国家"户口"

2020年2月,人力资源和社会保障部等三部门向社会公布了自2015年国家职业大典颁布以来的第二批新职业名单,包括虚拟现实工程技术人员、连锁经营管理师、供应链管理师、网约配送员、人工智能训练师、呼吸治疗师等16个新职业入选。

生活中大家都很熟悉的外卖小哥第一次拥有了国家认可的职业身份——网约配送员。根据通告,网约配送员的职业定义为通过移动互联网平台等,从事接收、验视客户订单,并根据订单需求,按照平台智能规划路线,在一定时间内将订单物品递送至指定地点的服务人员。

网约配送员(外卖骑手)新职业的发布,意味着该职业将逐步建立统一的规范,相关的培训教育体系也会日益完善。这对保障外卖骑手的劳动权益、提升职业认同等都具有积极意义。

从业人员表示,人力资源和社会保障部等给骑手这个职业正式定义,从内心深处感觉得到了国家的认可,自己在工作中也会更加自信、更有幸福感,同时激励着自己不断提升,努力做得更好。

**人力资源和社会保障部与国家市场监督管理总局、国家统计局
联合向社会发布第二批16个新职业名单**

› 智能制造工程技术人员	› 康复辅助技术咨询师	› 电气电子产品环保检测员
› 虚拟现实工程技术人员	› 铁路综合维修工	› 健康照护师
› 供应链管理师	› 工业互联网工程技术人员	› 出生缺陷防控咨询师
› 人工智能训练师	› 连锁经营管理师	› 无人机装调检修工
› 全媒体运营师	› 网约配送员	› 装配式建筑施工员
› 呼吸治疗师		

> **专家观点**
>
> 新职业涌现反映出近年来我国经济生活的活力和创造力，新产业、新业态、新模式不断迸发新动能。同时，新职业发布对于提升从业者技能的专业性、拓宽职业发展前景、提升待遇、增强职业认同感等都将有重要的促进作用。
>
> 张冰子
国务院发展研究中心社会发展部研究室主任、研究员

同时，新职业发展也需要建立起从业规范、行业标准以及监管体系等，进一步将新职业纳入规范化发展的轨道。例如健康管理师、酒店收益管理师、育婴师等新兴职业，它们的健康发展不仅需要行业朝着专业化、职业化、标准化的方向迈进，更需要通过多样的职业化培训提高从业人员的综合素质。

新职业和新就业形态的规范化发展还需要针对灵活用工关系的制度创新。全国政协委员、中国劳动和社会保障科学研究院副院长莫荣指出，"互联网+"就业形态目前仍存在短板，一是社会保险对非标准就业劳动者的保护不足，二是非标准就业形态与传统劳动关系有较大区别，三是给劳动保障监管服务带来了挑战。他提出："要推动'互联网+'就业的发展，必须完善《中华人民共和国劳动法》，更多地研究在非标准就业形态下如何既保障劳动者权益，又满足企业用工需求。我国当前采取的政策措施比较好，更多是'让子弹飞一会儿'，先观察，而不是马上运用传统管理手段。摸清规律后再立法，才能解决好当下存在的问题。"

总体看来，外卖骑手等新就业形态的出现和规模扩大，是劳动力市场发展的新动态，也在呼吁着制度供给与创新，将新职业的成长纳入规范化的轨道，以期在发展中更好地保障劳动者权益。

要关注新职业就业群体的可持续发展

党的十九大报告指出:"建设知识型、技能型、创新型劳动大军。"

伴随着数字化的深入,新职业从业者的培养是个系统工程,知识、技能、创新等要素不可或缺;同时,在向高素质劳动者提升的过程中,还需要构建覆盖基本工作保障、职业成长与职业认同的完整生态链。

作为典型的新职态,外卖骑手本身既是数字化的产物,也是一支以数字化能力为基石的劳动力大军——骑手的配送工作依托手机App展开,其背后是以人工智能和大数据为基础的智能调度系统,为其规划最优配送路径。除此之外,美团等平台为骑手研发的智能头盔、智能语音助手等数字化装备,也贯穿骑手工作的始终。以外卖骑手为例观察新职业人才的可持续发展,具有一定的代表性。

> **延伸阅读**
>
> ### 即时配送背后的数字化,造就骑手劳动力大军
>
> 外卖配送是一种在短时间内送达目的地的配送方式,配送的安全性、及时性是行业竞争的焦点。美团打造的即时配送系统有力地支撑起了美团平台日均千万级订单的配送过程。截至2019年10月,服务360多万商家和3亿多用

"袋鼠力量"美团外卖配送智能调度系统

户。美团数据显示，截至2019年7月，美团外卖日完成订单量峰值突破3000万单，平均配送时长为28分钟，配送准时率超过98%。

美团即时配送系统覆盖调度、规划、定价、LBS（基于位置服务）、感知、IoT（物联网）、ETA（预计到达时间）等八大系统。智能调度在配送中实时分析商圈动态、商户状态及用户地址信息，为每一份订单预估送达时间、指派最合适的骑手，并为骑手设计最优取送路线。据统计，美团即时配送系统高峰期每小时路径规划高达29亿次。

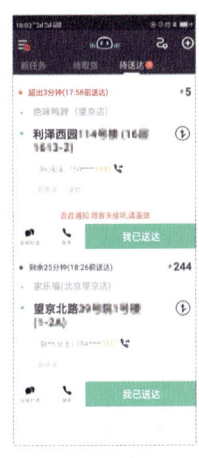
美团即时配送系统骑手端接单界面

骑手智能装备也是美团即时配送系统的关键技术突破。美团智能装备系统包括智能电动车、智能安全头盔、智能餐箱、智能语音助手和室内定位基站。五款智能装备通过骑手App联动和智能语音助手的交互控制，以"人机耦合"的方式赋能骑手。

这些数字化工具贯穿于骑手工作的始终，在帮助他们提升送餐效率、保障安全的同时，也让骑手真正成为一支依托于数字化能力的劳动力大军。

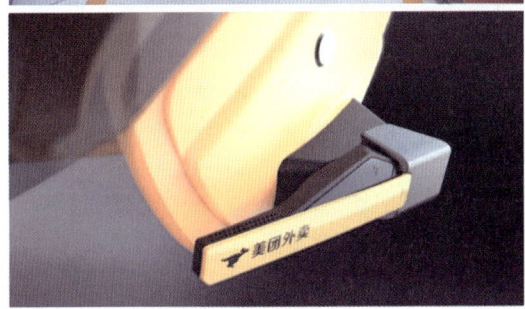
美团外卖骑手智能装备

外卖骑手本身是一个户外职业，劳动风险相对较高，基础工作保障更是一个系统性的工作。骑手从接单到送达，涉及骑行设备安全、路径规划便捷以及骑行交通安全等方面，美团等平台积极采取并完善一系列保障措施，为骑手提供更好的工作保障。以路线规划为例，美团"智能大脑"依靠强大的算力、算法和数据支撑，为骑手寻找最优路线配置，科学规划送餐路径；在交通安全方面，美团等平台与监管部门密切配合，与各地交警部门合作举办交通安全宣传和志愿者活动，实现交通安全协同共治。同时，针对外卖骑手可能遇到的主要风险，包括人身意外、医疗、第三方责任及电瓶车盗抢等，各平台企业为骑手提供多种多样的定制保险，比如，美团向骑手特别推出的"骑手关怀计划"，为100种特定大病提供5万元的关爱基金；此外，美团基金会还发起"袋鼠宝贝公益计划"，为全行业的外卖骑手子女遭遇的大病、意外伤害提供公益帮扶。

> **延伸阅读**
>
> ### 上线"骑手关怀计划"，外卖小哥疾病意外有保障
>
> 骑手是本地生活服务的"毛细血管"，为他们提供保障、做他们的后盾是平台的责任。
>
> 2019年1月1日，为了让骑手获得更好的生活健康保障，美团配送特别推出"骑手关怀计划"，由美团与配送合作商共同出资设立骑手关怀基金，针对美团专送骑手给予大病帮扶。当他们罹患100种特定大病之一或因病身故对家庭造成重大影响时，提供5万元关怀基金，帮助关怀计划所覆盖的骑手家庭渡过难关。
>
> 2019年7月1日，"骑手关怀计划"进行了第一次扩展升级。升级后的关怀计划给予骑手家庭更多健康保障，首次将他们的家人纳入保障范围，当他们的家人（法定配偶及未成年子女）遭遇特定大病时，可以申请2万元关怀基金。截至2019年12月，"骑手关怀计划"

共收到93例援助申请，其中符合援助条件的申请共41例，已为29个家庭拨付关怀基金共计125万元。

"骑手关怀计划"为广大在异乡工作的骑手带去了温暖，解决了后顾之忧，让他们更有尊严、更有保障地为生活、为理想而奋斗。

工作之余，外卖骑手是一群努力学习、提升自我的现代服务业劳动者。外卖骑手普遍具有城市新青年追求发展、持续学习、自我迭代的特质，同事间交流、线上学习、线下培训等形式受到广泛欢迎。

针对骑手群体的学习需求，美团等平台也整合资源，为他们提供专项培训，帮助其提高业务能力，拓宽成长路径。针对骑手可能遭遇的情绪困扰，美团还开通了"骑手心理热线"，为全行业外卖骑手提供心理疏导和咨询服务，同时制作并发布了业内首份《外卖骑手心理服务指南》，持续为骑手群体提供情绪疏导、应对困扰的调节技巧。

> **延伸阅读**
>
> **美团外卖骑手成长计划，助力骑手实现自我价值**
>
> 美团数据显示，外卖骑手中80后、90后占比超过八成，而24%的骑手保持着阅读学习的好习惯，工作之余注重自我提升。
>
> 为帮助骑手拓宽职业成长路径，助力骑手更好地实现自我价值，美团为骑手提供了完善的线上线下学习发展平台，按照骑手成长的四个阶段，提供不同的培训课程体系。

美团外卖骑手成长计划培训体系

阶段描述	阶段	发展方向	学习内容（列举）	学习渠道	所获权益
基础必学知识	1	纵向职业晋升	A、安全知识（交通、消防、行为） B、App&GPS 使用 C、外卖配送服务流程（"2准"课程：准时送达、准确送达）	美团骑手 App	美团外卖订单配送
配送技巧提升	2	纵向职业晋升	A、百万公里零事故经验分享 B、单王配送经验（寻址技巧、路线规划、服务规范、异常应对） C、……	1. 美团骑手 App 2. 美团骑手自强学堂—视频课程	相关学习权益
个人综合提高	3	横向职业转轨通道	A、职业规划调研问卷 B、外卖英语 C、美团大学及第三方培训课程通识知识 D、综合能力提升课程	1. 美团骑手 App—职业规划调研问卷 2. 美团骑手自强学堂—视频课程线上考试	专业的职业规划测评 免费学习符合自己职业发展的课程通识知识 综合能力提升课程，即骑手自强学堂现有线上课程及未来迭代的课程
职业能力提升	4	横向职业转轨通道	A、个人学历提升 B、美团大学及第三方培训认证	美团骑手自强学堂—视频课程及考试	获得学历证书或培训证书 骑手配偶、直系兄弟姐妹、子女可免费学习培训知识 在岗一定年限的骑手报销学费

美团学习平台致力于成为骑手加入平台后的综合型课堂，给他们自我提升创造了条件，在满足有所学、有所用的同时，让他们变得更加积极自信，更好、更快地融入城市。

> 延伸阅读

关注骑手心理健康，发布行业首份《外卖骑手心理服务指南》

在现代社会中，精神压力与情绪困扰是无法避免的，而正视和关注则是缓解压力与情绪的"良药"。骑手群体也是如此，在工作、生活中难免会遇到各种各样情绪的困扰，可能会引发一定的情绪波动及心理压力，需要倾诉、疏导，同时也需要提升心理健康意识，学习如何更好地应对压力、管理情绪。

2019年12月，美团总结"骑手心理热线"运营两年以来积累的经验，联合中智职业心理健康中心，制作并发布了行业首份《外卖骑手心理服务指南》。报告分为"工作篇""生活篇""心理训练"等章节，在用通俗的语言为骑手普及心理常识的同时，提出了实操性极强的调节方式与心理训练，致力于为骑手群体提供情绪疏导、应对困扰的调节技巧。

美团"骑手心理热线"为全行业外卖骑手提供包括骑手心理"树洞"①、骑手心理舒缓、骑手心理咨询三大层次的心理热线服务，全国近百万骑手可以通过"骑手心理热线"获得即时的心理疏导和咨询服务。

美团外卖骑手心理服务体系如下表所示。

《外卖骑手心理服务指南》

① 树洞：网络用语，指吐露心声的地方。

美团外卖骑手心理服务体系

服务层次	服务内容	服务产品
骑手 心理"树洞"	骑手来电倾诉影响自己情绪的人和事。咨询师在做倾听和提供解决办法的同时,评估骑手心理状态,如有其他诱因,引导骑手进行心理舒缓或转介做心理咨询	400热线 即时接听
骑手 心理舒缓	骑手来电倾诉或咨询心理情绪时,对骑手的难解情绪、压力诱因进行心理舒缓,并向骑手输出有效的心理舒缓工具	400热线 舒缓减压文章
骑手 心理咨询	对转介进来的心理问题比较大的骑手、多次拨打电话咨询心理问题的骑手、约定回访的骑手这三类人员进行心理咨询	400热线 舒缓减压文章 心理咨询

此外,外卖骑手作为都市异乡人,渴望融入城市,也期待得到社会公众对自身更多的认同与认可。在2019年庆祝中华人民共和国成立70周年群众游行活动中,14名美团骑手出现在群众游行"当家做主"方阵,还有13名美团骑手作为来自基层一线的劳动者代表出现在观礼台上,与全国人民一起共庆共和国70华诞。这是党和国家以及全社会对外卖骑手的高度认可,极大地提升了他们的职业荣誉感。同时,美团等平台打造了"717骑士节""1217蓝骑士节"等骑手专属节日,并让走遍大街小巷却从未走上"舞台中心"的外卖骑手登上了"领奖台",展示他们新时代奋斗者的精神面貌,也进一步增强了他们的职业归属感。

延伸阅读

美团骑手参加国庆游行观礼，共庆共和国 70 华诞

2019年10月1日上午，庆祝中华人民共和国成立70周年大会在北京天安门广场隆重举行。20余万军民以盛大的阅兵仪式和群众游行欢庆共和国70华诞。

13名美团骑手作为来自基层一线的劳动者代表，身穿"一抹亮黄"的工装，整齐划一地出现在国庆阅兵观礼台上。

观礼台上的美团骑手

11时32分，以"同心共筑中国梦"为主题的群众游行开始。14名美团骑手出现在游行第一篇章"建国创业"的"当家做主"方阵。

群众游行"当家做主"方阵

在群众游行方阵中的14名美团骑手,其中10人是退役军人,以另一种形式圆了阅兵梦。此前,他们接受了

美团外卖骑手为参加群众游行方阵接受特训

为期50天的特训,坚持高标准、严要求,在极短的时间内达到思想高度统一、行为高度统一,展示出美团骑手特有的精神风貌,赢得了社会各界的尊重和好评。

> 延伸阅读

打造"717骑士节",专属节日提升骑手职业认同

外卖骑手们在工作中展现了风雨无阻的敬业精神、助人为乐的奉献精神和纵情向前的奋斗精神。为了回报骑

美团外卖骑手参加"717骑士节"庆祝活动

手,让骑手在传递美味的同时,也能享受美好稳定的家庭生活,美团设立了"717骑士节"。"717骑士节"自2018年开始举办,是国内首个外卖骑手的专属节日。

2019年7月17日,第二届骑士节在全国各地拉开帷幕,全国数千个美团站点都举办了丰富多彩的庆祝活动。美团不但为骑手们准备了蛋糕和礼品,还联合全国31个餐饮连锁品牌,在79个城市的727家门店,

为他们提供了免费的节日大餐。同时,美团在全国84个城市搭建了2000多个防暑降温补给站,在炎炎夏日为全体户外工作者送上

"717骑士节"期间,美团为骑手们送上"清凉"

"清凉"。在"717骑士节"现场,美团还对全国上百位"模范骑手"进行了表彰及嘉奖,并邀请警方为模范骑手颁发"安全使者"勋章。

美团将以"717骑士节"为起点,联合社会各界,让骑手工作更顺利、生活更美好。

目前,新职业人群受教育水平参差不齐,而产业数字化升级对新职业人群的数字化基础、移动应用能力都提出了新要求;与此同时,部分新职业尚无与之配套的职业培训体系,易造成新职业人才的断档。在这种情况下,职业教育与培训变得越发重要。

职业教育以就业为导向,是服务就业、推动经济高质量发展的有力支撑,受到党和政府的高度重视。党的十九大报告要求,完善职业教育和培训体系,深化产教融合、校企合作。随后,2019年1月印发的《国家职业教育改革实施方案》中,明确要求企业界担负起职业教育的多元主体责任,职业教育要基本完成由政府举办为主,向政府统筹管理、社会多元办学格局的转变。

近年来,我国众多企业纷纷成立自己的企业大学,真正立足于产教融合,为企业业务发展和人才培养提供了极大助力,例如海尔大学、招银大学、华为大学等。

在新职业迅猛发展的生活服务业领域，2019年10月成立的美团大学，作为美团旗下生活服务业人才数字化发展的平台，旨在打造生活服务业数字化人才的"大本营"。

目前，美团大学下设餐饮学院、袋鼠学院、美酒学院、美业学院、配送学院、闪购学院、结婚学院等多个学院，拥有超过1400位专业讲师，开发了实操、运营、管理、行业动态等2000多门课程。在未来10年内，美团大学还将与国内1000所院校达成合作，带动1亿个生活服务业从业者数字化发展。

> **延伸阅读**
>
> ### 美团大学成立，助力生活服务业人才数字化升级
>
> 中国的生活服务业约有近2亿劳动者，他们的素质提升和职业发展关乎中国经济的未来。只有帮助他们适应数字化变革，在各自原有的专业技术之上，叠加数字化技能，才能反哺整个生活服务业的数字化转型，从而助推新经济、激发新动能、释放新红利。
>
> 2019年10月，美团宣布成立美团大学。美团大学的愿景是成为生活服务业数字化人才的"大本营"，并致力于"提升职业技能、助力行业发展、促进产教融合、扩大社会就业"四方面的价值创造，让每一位生活服务业从业者与数字时代同行。
>
> 目前，美团大学已累计培训超过3000万人次，输出课时超500万小时，覆盖全国455座城市。在美团大学的学员中，42.6%的人拥有大专以上学历，远高于社会平均受教育程度；七成受训商户为中小型，渴望学习数字化技能。
>
>
>
> 2019年10月，美团大学成立仪式
>
> 美团大学还分别与深圳职业技术学院和北京市昌平职业学校签署战

略合作协议，将共同开发职业教育资源、完善人才培养模式、共建实训基地，为"互联网+生活服务"培养高素质技术技能人才。在未来10年内，美团大学将与国内1000所院校达成合作，带动1亿个生活服务业从业者数字化发展。

专家观点

作为长期关注新就业形态的研究者，我认为以平台为基础的新就业形态，已成为我们社会有机体中不可分割的重要组成部分，成为新增就业的重要力量。平台关注从业者的成长与发展，有不断推动从业者技能提升的动力与能力，通过平台线上线下各类职业技能培训，提升从业者的数字化技能、服务与安全意识、服务行为规范等。我国的职业技能培训制度应该将平台企业的实践纳入其中，发挥平台优势，完善职业技能培训教育体系。

张成刚
首都经济贸易大学中国新就业形态研究中心主任

新职业的出现，实际上是创新的结果，是资源整合与技术创新、观念创新和制度创新互动融合的结果。宠物摄影师、酒店收益管理师、外卖运营规划师……这些应市场需求而生的行当，职业前景不可限量。

新职业产生、新业态形成，都需要制度提供新供给。外卖骑手这一新职业的诞生，是以个人自由创业和自主择业为前提的；而自由创业和自主择业的存在，正是制度新供给的产物。外卖骑手这一新职业，就业门槛不高，就业机会成本很小，这一特点尤其适合青年人，特别是农村青年。这份工作，辅以职业教育和继续教育，通过提高劳动力的素质而不断更新着新职业的职业内涵，从而不断派生出新职业和新业态。

■ 城市共治篇

用"比特之针"为城市治理"绣花"

随着我国城镇化水平的提高,城市居民对城市治理精细化水平的期待也越来越高,5G、物联网、大数据、人工智能等信息科技,在城市治理中将会发挥越来越大的作用,有些作用甚至是无可替代的。服务型商业数据平台的建立,其所要建构的消费市场秩序、服务秩序,也是政府社会治理目标的组成部分。数字经济的发展,超大能力数字平台的搭建,使得搭建这种平台的企业,在质量与服务的内控与管理上日益带有了社会治理色彩。

一头是政府进行城市精细化治理的必然需求,另一头是平台型企业的必然担当,两头"一起打隧道",让我国数字经济的发展与城市数字化治理的过程相伴互生。从城市更新过程中"15分钟生活圈"的构建,到城市夜经济的促进,再到"靶向式监管""滴管式治理",以比特为最小单位的信息正成为由原子构成的城市的"绣花针"。

从数字化生活到数字化生产,从数字化经济到数字化社会,城市作为人类经济社会发展繁荣的主要载体,也必将成为数字化经纬交错的首要"画卷"。

"要像绣花一样治理城市"

社区作为一种社会地域共同体,是城市治理的基本单位,因此,社区治理的进步将直接推动城市治理的升级。

"公园就在家门口""便利购物""就近入学""社区养老"……2019年,越来越多的城市加快构建"15分钟幸福生活圈"。低碳、健康的生活方式和便利、共享的空间品质已成为现实。

"15分钟生活圈居住区"是2018年住房和城乡建设部在《城市居住区规划设计标准》中提出的重点规划之一,旨在为社区居民营造更便利、更安全、更智慧的社区生活服务体系。经过一年来各地方政府的规划部署,生活圈附近的基础配套服务场所不断完善,人们在15分钟内几乎可以完成购物、上学、就医、休闲等生活需求。与此同时,全国各地的生活圈的覆盖量也在不断增加,比如连续11年获评"中国最具幸福感城市"的长沙,在2019年3月已经建成241个"15分钟生活圈"。随着生活圈数量的不断增多,长沙各个社区的消费需求也得以快速释放。美团数据显示,在2019年,长沙美团闪购(线上综合购物)交易额年同比增长达到1316%,订单数同比增长达到1302%。

> **延伸阅读**
>
> **美团打造便捷生活圈,消费者足不出户解决买菜问题**
>
> 生鲜商品是居民日常生活必需品,在零售消费市场中占据重要地位。随着城市生活节奏日益加快,菜市场、传统超市等线下购买渠道无法充分满足居民碎片化、多元化的生鲜消费需求,生鲜电商新业态

呼之欲出。

2019年1月,美团旗下的自营生鲜零售业务"美团买菜"正式上线,在北京的天通苑和北苑居民区开始推出"手机买菜"服务,周边2~3公里内的居民都可享受到这一便利。截至目前,"美团买菜"已在北京、上海、深圳、武汉四地上线,其中,北京站点数量已超过50家,基本覆盖北京城区的重点区域。

"美团买菜"采取"App+便民服务站"模式,定位为社区居民的"手机菜篮子",聚焦生鲜到家服务,平台产品包含满足居民一日三餐所需的新鲜蔬菜水果、肉禽蛋奶、水产海鲜、米面粮油等品类,主要满足社区居民的"买菜"需求。

"美团买菜"北京天通苑站

"美团买菜"的配送时间从早上7点至晚上9点15分,与日常家庭的做饭需求相契合。用户通过美团买菜App就可以完成"手机下单、送菜上门",真正地实现足不出户解决买菜问题,省时省力还省心。

美团自主研发的智能配送调度系统,平均配送时长28分钟。很多顾客表示,现在已经习惯了在下班路上掏出手机下单买菜,人到家菜品就到家了,"打开袋子,虾还是活蹦乱跳的"。

在配套设施日渐完善的同时,"15分钟生活圈"的建设也得到了互联网的助力。即时配送业务的发展,拓宽了"15分钟生活圈"的服务边界。以生鲜商品为例,生鲜商品是居民日常生活的必需品,据欧睿咨询的测算数据,居民人均生鲜商品每周的购买次数为4.8次。如今,社区居民可以直接采用互联网配送的方式,足不出户就能购买到蔬菜水果、肉禽蛋奶、水产海鲜等生鲜商品。美团买菜、阿里巴巴的盒马鲜生、京东物流的达达等,都已在主要城市的社区部署大量供货点,附近的居民可以在30分钟内享受到"手机菜篮子"的便民服务。相比去超市或菜市场挑选买菜而言,"互联网+买菜"的这种集约化购买模式,可以为市民生活带来更大的便利。

> **延伸阅读**
>
> ### 打通政企合作通路,美团助力学院路打造智慧社区
>
> 随着城市治理逐步迈向精细化与现代化,城市基本单位——街道和社区的智慧化治理日益重要,通过设施、管理、服务的智慧化升级重塑街区角色,成为城市治理的重要议题。其中,互联网科技企业将扮演重要的角色。
>
> 2019年4月,美团与北京市海淀区学院路签署"伙伴计划"并联合举办"智慧城市与社区商业"论坛,搭建了"智慧城市"政企合作平台,为共同探索智慧社区的发展打开了良好局面。
>
> 美团正式上线了街道生活服务地图内测版,帮助公众把握区域商业全景,丰富"一刻钟经济圈",也有效提升了公共服务设施的利用率,并监控风险易发地点,辅助街道运动、文化等专题手绘地图的形成,是丰富社区业态、助力社区民生、提升社区精细化治理水平的强大助力。此外,根据"伙伴计划",下一阶段双方将在智慧社区工作坊、智慧环保、特色街区地图、一刻钟社区服务圈及城市设计节五个领域共同发力,利用美团平台在用户、数据资源、技术能力和线下服务网络上的优势,促进多方合作,更好地发挥协同效应。

"外卖小哥"也逐渐成为参与基层治理的积极社会力量。据美团数据统计，2019年，从美团获得收入的骑手共有399万名，且主要集中在大中城市。庞大的骑手队伍如同城市的"毛细血管"渗透进大街小巷，与社区形成紧密的联系。他们在完成配送任务的过程中，还可以发现社区治理中的不足，并促进问题的解决，成为参与城市精细化治理不可或缺的力量。比如，美团外卖的"小巷管家"能够将日常送餐工作与社会面巡查相结合，及时发现堆物堆料、暴露垃圾等问题，并通过手机监督管理平台进行曝光，助力城市精细化管理与服务。其他平台的外卖员也化身为交通志愿者，协助老年人过马路，等等。

延伸阅读

美团推广急救技能培训，骑手担任城市"急救员"

外卖骑手每天都会接触各类人和事，将急救知识带给他们，让他们成为城市的"急救员"，不仅可以在遭遇突发情况时实现自救，也能在关键时刻挺身而出，挽救他人的生命。

2018年底，美团启动"救在身边"项目，推出心肺复苏术、食道梗阻、意外扭伤、意外割伤、意外烫伤、高温中暑、寒冷失温等7种骑手群体常见的意外紧急救护课程；2019年3月，全部课程在"骑手自强学堂"配置上线，并通过骑手微信公众号、骑手App向骑手推送课程内容。

2019年5月，美团与全民互助急救平台"第一反应"发起"AED猎人"公益行动，发动平台骑手在"第

美团外卖骑手在接受急救培训

美团外卖骑手在接受急救培训

一反应"自主研发的"救命地图"系统注册成为AED（自动体外除颤器）志愿勘察员，并接受专业的AED勘察及使用方法培训。

我国每1分钟就有人因心脏骤停而倒下，救援的黄金时间只有4分钟。当突发意外时，在第一现场的人往往不是急救人员，更多的是如外卖骑手这样的普通市民。"AED猎人"行动启动后，美团骑手不仅接受配送区域内的AED装置所在位置、维护及使用方法等相关信息的专业培训，在送餐途中，也会利用碎片时间对经过的AED进行地图新增、勘察维护，保证AED设备的正常使用。此外，一旦出现需要救助的紧急情况，经过培训的骑手能够迅速、准确地去AED装置点取出设备并对患者实施救援，成为突发情况下的生命"急救员"。

在美团平台，目前日均有超过70万的活跃骑手为消费者提供即时配送服务，他们走街串巷，对社区和路线情况更加熟悉。如果每位骑手都掌握正确的急救知识，在自己或他人遇到意外时能迅速采取有效的措施，将大大降低意外带来的伤害。

延伸阅读

骑手化身"小巷管家",积极参与城市治理

2019年初,共青团北京市朝阳区委员会、北京市朝阳区城市管理委员会、美团联合发起"美团美好朝阳骑士"项目。美团外卖骑手常凯以青年志愿者身份,在"朝阳群众管城市"微信公众平台上实名注册,成为第一批朝阳"小巷管家"。

成为"小巷管家"后,在不影响正常送餐的情况下,常凯每天都会关注城市的街头巷尾,及时发现"堆物堆料""暴露垃圾""游商占道""店外经营""共享单车乱停放"等五类城市问题,通过"朝阳群众管城市"微信公众平台上传照片,及时向所在的街道反馈,并力所能及地参与到部分问题的解决过程中。

"美团美好朝阳骑士"代表接受表彰

在常凯的带动和影响下,越来越多的美团骑手陆续加入"小巷管家"。目前已有1132名"小巷管家",覆盖朝阳区43个街乡,有效反馈协助处理问题1382件,形成了一支遍布朝阳区、深入基层最一线的"流动探头"服务力量,有效助力朝阳区城市精细化管理与服务,成为深化城市治理改革的"助推器",为其他社会组织力量参与城市治理提供了经验和样板。

> 延伸阅读

警企共创反诈宣传新思路，外卖骑手化身安全使者

电信网络诈骗案件高发多发，尤其是学生、老人等群体极易受骗，已成为当前影响社会稳定和群众安全的突出问题。让民众掌握反诈防诈知识，提高安全意识和防诈意识，有助于进一步降低诈骗案件发案率，维护良好安全的社会环境。

美团发起"百万骑手 千城亿户"全国反诈宣传活动

2019年7月10日,美团与公安部刑侦局联合开启了"百万骑手千城亿户"全国反诈宣传活动。活动在国务院打击治理电信网络新型违法犯罪工作部际联席会议办公室指导下展开,整合各地公安机关和上百万美团骑手的力量,集中暑期时间,在全国至少1000个县区市,将1亿份反诈垫餐纸等宣传品送到广大用户,特别是学生、老人等易受骗群体手中,让更多民众掌握反诈防诈知识。

数字化给社区治理带来了新思路,也给普通老百姓参与社区共建提供了更多的方式。今天,人们在大众点评搜索"公园""公厕"等基础设施时,能够从每个结果下面看到相应的评分和评论。这些来自人们的真实反馈,不仅成了其他人的体验参考,也为政府了解民众心声、改善公共服务提供了依据。

专家观点

推进国家治理体系和治理能力现代化是中共十九届四中全会的重大战略部署。城市治理作为国家治理的重要组成部分,借力数字化技术推进城市精细化治理是必由之路。通过云计算、大数据等对城市的公共服务、资源环境进行更加便捷、全面与高效的管理服务,将有力地推动信息越来越公开透明,让城市管理决策更具科学性与互动性,也让城市资源与公众需求能够得到更加精准的适配,避免"盲人摸象、不见全貌"式的城市治理,从而真正实现精细化和动态管理,提高公共服务和社会治理水平,推进社区治理现代化。

戚聿东
北京师范大学经济与工商管理学院院长

> 延伸阅读

大数据赋能舆情监控,美团助力公共服务设施建设

大数据等技术在城市管理中愈加多维的应用,为城市管理者更好地了解广大居民对城市便民服务设施的舆情分布提供了工具和抓手。基于美团平台上广泛的用户评论大数据,政府得以快速地定位问题,更好地服务人民。

公园作为日常休闲场所,是居民普遍关心的一项公共服务设施。美团数据显示,以上海长宁区为例,该地区共有24个公园在点评上有专门的页面,截至2019年12月底,总体评论数量超过15000条,平均每个公园有超过600条评论。

从用户评论看,长宁区公园整体评价较好,评论等级集中高星区间,4星及以上占比58.3%。在长宁区公园用户评论的关键词中,正面评价主要集中在环境优雅、交通便利、有设计感、适合社交(家庭、亲子、情侣、闺蜜)等;负面评价主要集中在公园的设施陈旧、停车不便、不可带宠物、水脏、配套设施少等。

正面关键词	出现次数	负面关键词	出现次数
环境优雅	19	设施陈旧	9
家庭亲子	18	停车不便	8
交通便利	14	不可带宠物	7
干净整洁	13	水脏	6
有设计感	12	交通不便	5
情侣约会	10	卫生不好	4
闺蜜出游	9	项目少	2

上海长宁区公园用户评论关键词统计

用户评价成为指导公园建设的重要参考。2019年刚落成的中新泾公园,便以优雅的自然环境、独特的徽派建筑、邻近教堂与寺庙的优越地理位置、内含博物馆和定期摄影展等特色场馆活动,满足了市民

亲近自然、体验文化、汲取知识、领略新奇等多方面需求，迅速晋级长宁区5星级网红公园，成为附近市民心中小有名气的打卡地，被誉为"小宏村"。在用户评价中，中新泾公园也拥有98%的用户好评率，被誉为亲子乐园和休闲胜地，人文景观、环境优雅、家庭亲子等成为其耀眼标签。

同时，用户评价对公园整治改造也具有参考价值。长宁区虹桥河滨公园始建于2013年10月，由于年代久远，设施老化、景墙陈旧、道路积水、假山开裂等情况严峻，严重影响市民的娱乐体验，在2018年以前，用户的线上整体好评率仅有67.1%。2019年上半年，长宁区政府对其进行重点整治和改造，提升其绿化景观和游园体验，特别翻新了假山、治理道路积水、更新照明设施、增设卫生间和健身步道等公共服务设施，截至2019年末，大众点评线上好评率同比提升了约9%，其中有14%的用户评论提到，公园的改造提升了整体的游园体验。

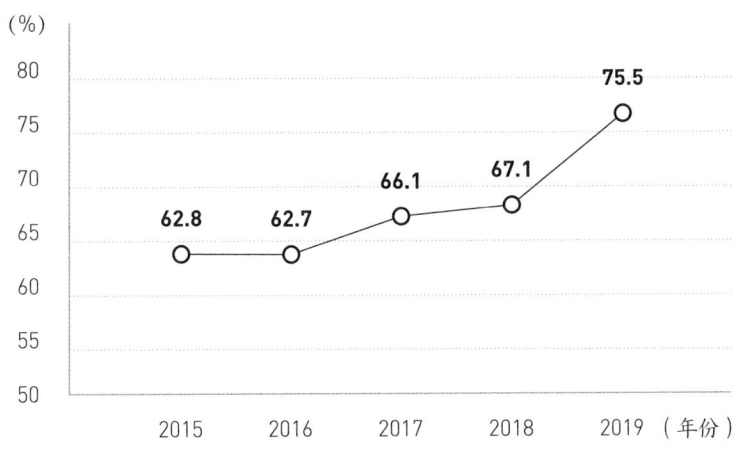

虹桥河滨公园改造前后整体用户好评率情况

总体而言，基于美团等互联网平台用户关于公共服务设施的舆情，政府能够提出更有针对性的解决方案，有效提高资源配置效率，避免了盲目的管理运作，从而更好地为广大居民提供满意的公共服务。

"深夜食堂"的背后,是政策鼓励和科技支撑

2019年8月,国务院办公厅印发了《关于加快发展流通促进商业消费的意见》,鼓励主要商圈和特色商业街与文化、旅游、休闲等紧密结合,适当延长营业时间,为城市经济发展带来新的增长点。事实上,2019年,各地政府纷纷出台相关政策,扶持并推动夜间经济的发展。文化和旅游部发布的《2019中国夜间经济发展报告》显示,至2019年10月,中国发布夜间经济、夜间旅游相关政策的城市已有40个。

以北京为例,2019年7月,北京市出台13条具体措施,进一步繁荣夜间经济,包括推出10条"深夜食堂"特色的餐饮街区、推动中心城区4A级以上景区根据实际条件延长开放1~2小时,继续扶持24小时实体书店,对全市3000座以下的演出场所的营业性演出给予一定比例的低票价补贴等。在配套措施上,北京地铁从7月19日开始实施延时运营方案,在周五、周六晚间,将1号线、2号线沿线各站末班车发车时间推迟到0:30以后。这些举措极大地方便了北京市民的夜间出行与生活。

夜间经济的发展水平能够直观反映出一个城市的经济实力水平。培育发展夜间消费新业态、新模式,可以满足群众多元化、多样化消费需求,提升城市经济活力。国家统计局发布的2019年7月国民经济运行数据显示,在"夜间经济"带动下,7月全国餐饮收入3658亿元,同比增长9.4%,增速明显;和餐饮相关的饮料、烟酒类销售也被带动,7月当月饮料类零售额增长9.7%,烟酒类零售额增长10.9%。此外,夜间经济对于提高基础设施利用率和带动就业,也具有积极意义。国外调研机构TBR的数据显示,通过发展夜间经济,伦敦解决了130万个工作岗位,创造了660亿英镑(约合5674亿元人民币)的年收入,仅一个城市的夜间经济就创造了英国全国总税收的6%。

数字化在加速夜间经济发展上效果明显。以深圳为例，美团研究院发布的《2019年深圳夜间经济发展报告》显示，2019年前三季度，深圳夜间线上消费总额同比增长38%，闪购、文化娱乐和外卖业务的增速都超过了40%，外卖服务成了线上消费的"主力军"。美团外卖夜宵数据显示，2019年上半年，黑龙江省齐齐哈尔市夜宵外卖增速迅猛，同比增幅超75%。此外，值得一提的是，作为餐饮外卖品类的补充，生活消费品外卖也在夜间经济中表现强劲。美团闪购发布的夜零售数据显示，夜间订单在全天订单中占比近五成，越来越多的市民开始在夜间购买夜宵以外的商品。

> **延伸阅读**
>
> **夜间消费点亮大唐不夜城，美团外卖助力西安夜间经济崛起**
>
> 夜间消费已成为年轻消费客群的重要生活方式，而夜间经济也逐步成为各个城市的名片，代表着城市开放度和经济活跃度。西安正在迈入国际化大都市之列，"大唐不夜城"等夜间经济形态丰富多彩，极大地拉动了城市经济发展。
>
> 美团2018年西安夜间经济发展的调研数据显示，西安夜间消费在全天消费额中的占比为41.7%，高于南京、北京、天津、上海等城市，处于中等水平。
>
>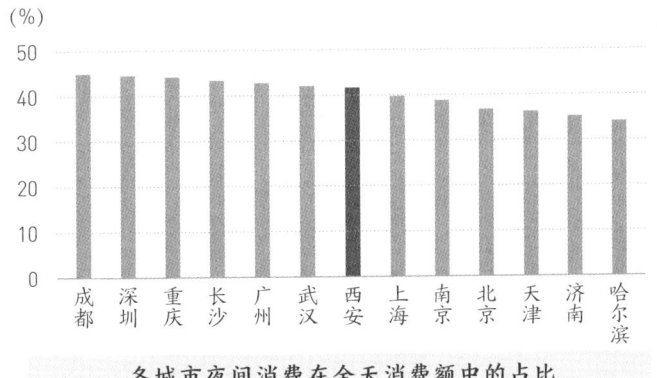
>
> **各城市夜间消费在全天消费额中的占比**

美团外卖数据显示，2019年上半年，西安市夜宵外卖订单销售额同比增幅达到50%。在西安各区县中，外卖夜宵销售额显示，雁塔区排名第1位，占比超过1/4；未央区、碑林区排在第2位和第3位。

2019年上半年，西安市"夜宵王"下了366笔夜宵订单，消费金额高达2.6万元，平均每笔订单金额71元。在西安市所有的夜宵订单中，勾选两份餐具的订单数量比勾选一份餐具的订单数量高出60%，说明夜经济已经成为当地人民的广泛选择。

显然，"夜间经济"正在成为提升西安城市活力、形成强大商业市场的一个新引擎，其中，夜间餐饮消费的作用尤为显著。西安应发挥美团、大众点评等生活服务电子商务平台的优势，利用平台必吃、必逛、必住、必玩榜的线上曝光，助力商户提高夜间经营能力和增加营业收入，激发线上夜间消费活力，形成线上线下夜间经济融合互动、双向繁荣的局面，推动城市夜间经济持续发展壮大。

西安夜景

而在推动线上夜间经济发展的过程中，连接消费者和商家的平台方也在积极采取行动，如美团推出的"大牌美食狂欢节"，采取"线上选购、线下进店体验"的形式，拉动夜间消费。

专家观点

"夜间经济"火热的背后是老百姓收入不断增加和消费结构加快升级。随着消费需求个性化、多样化时代的到来，人们的夜生活需求日益丰富多彩，促进了购物、餐饮、文娱等多元夜间业态的迅速成长，对稳增长、促消费、扩内需发挥了日益重要的作用。发展夜间经济，首先需要政府政策的大力支持和积极引导。政府要通过优化营商环境、优化夜间公共服务，让夜间经济的创业者安心、省心、舒心，并对未来发展有信心，激发企业家的活力和创新创业潜力；也要鼓励生活服务电子商务平台等进一步发挥数据、技术等优势，为夜间经济创业者赋能发展，拓展群众夜间消费的选择空间，激发线上夜间消费活力，形成夜间经济线上线下融合发展、共同繁荣的新局面。

姜长云
中国宏观经济研究院产业经济与技术经济研究所副所长、研究员

"领导驾驶舱"上线
以网治网助力城市监管

随着智慧城市建设的加速，大数据、人工智能已成为城市建设的重要组成内容，并日益成为城市治理的基础手段，"互联网平台+监管"也日益成为数字政府的重要抓手，不断提高着城市治理效率和服务效能。

以北京为例，2018年10月，北京市发展和改革委员会公布《关于批准城市大数据平台及领导驾驶舱项目项目建议书（代可行性研究报告）的函》，明确将在北京城市副中心行政办公区建设城市大数据平台，开发"城市仪表盘"和智慧北京"领导驾驶舱"，整合汇聚政务和社会数据资源，实现对经济、环境、能源、交通、社会、人群、教育等领域运行态势的实时量化分析、预判预警和直观呈现。2019年4月，美团研发的"美好生活驾驶舱"首批接入北京市"领导驾驶舱"，包含夜间经济指数、餐饮质量监管数据等，可视化呈现城市居民的夜间消费情况，助力食品安全监管，洞察大数据背后的居民消费模式和舆情变化，为城市管理者提供决策信息。在杭州，阿里巴巴为杭州打造的城市大脑，可以提供网络舆情监管、客流量、旅游消费、游客画像分析、公共资源调配等功能，覆盖交通、城市管理、文化旅游、卫生健康等11个领域、48个场景，正在为世界输出城市数字化治理新模式。

> 延伸阅读

上线城市生活服务管理驾驶舱，美团大数据赋能城市治理

在数字化时代，智慧城市的建设离不开数据的赋能，用数据发现问题、用数据洞察需求、用数据作出决策，越来越成为城市治理实现资源优化配置的新模式，打造数字化治理平台，能让政府的决策更科学、服务更高效。

2018年10月，北京市发展和改革委员会宣布城市副中心行政办公区实施城市大数据平台，开发"领导驾驶舱"，实现对经济、环境、人群等各个领域的大数据管理及量化分析。2019年4月，美团研发的"美好生活驾驶舱"1.0版首批接入北京市"领导驾驶舱"，主要包括夜间经济指数、餐饮质量监管数据等；同年9月，"美好生活驾驶舱"2.0版正式上线。

"美好生活驾驶舱"基于城市大数据平台，整合汇聚和处理与城市运行相关的各类数据资源，实现对城市运行态势的实时量化分析、预判预警和直观呈现，为城市管理者提供"一站式"决策支持服务体系。

目前，"美好生活驾驶舱"2.0版，主要聚焦夜间经济和餐饮质量，运用大数据、云计算等技术，洞察大数据背后的居民消费模式和舆情变化。

在城市夜间经济发展方面，主要从城市整体夜间经济指数、行业夜间经济指数和区域夜间经济指数三个方面对居民夜间消费数据进行统计分析，从而掌握城市夜间经济繁荣度、多样性及最佳夜间经济商圈等信息。

同时，基于美团的评论大数据，对餐饮商户的食品安全问题进行监管与预警，深入剖析食品安全的类型分布（环境卫生、吃出异物、食品变质、疑似事故），便于政府及监管部门及时定位问题；也提供行政区的食品安全数据对比，通过排序食品安全预警比例，协助政府更好地抓大放小，逐个突破。

此外，基于用户对便民服务设施的评价及客户投诉数据，对便民服

务设施的服务舆情进行类型分析，及时定位问题；同时进行评估排序，便于政府对城市各区进行整体把控，有效传达相关优化建议，提高服务质量。

城市"领导驾驶舱"是美团大数据挖掘和分析能力最直观的输出与展示，该项目具有可复制性、可拓展性，可推广到全国各级地方政府，成为地方政府实现智慧城市的强有力的抓手。目前，美团已与天津、重庆等地方政府、委办局展开了"领导驾驶舱"合作。美团将继续迭代内容和形式，为城市管理者提供决策支持，不断提升政府治理能力。

近年来，服务业的快速发展壮大为中国经济增添了新的活力，而新业态的崛起也给相关部门在监管方面带来了一定挑战，营业执照审核、食品安全把控等问题有待制度和模式的创新。而大数据、人工智能等技术的成熟应用为监管创新带来了可能。

如今，越来越多的地区监管部门开始与互联网企业联合研发商户监督管理系统，建立网络餐饮服务监管体系。比如，2019年9月，南宁市市场监督管理局与苏宁易购集团、达达—京东到家集团、美团等生活服务类的互联网平台，共同签署了《网络市场治理战略合作备忘录》，通过加强信息共享、建立协同管理体系、加大治理力度等方式来推动政企合作，形成企业自治、行业自律、社会监督、政府监管的网络市场智慧共治格局。

此外，互联网平台方也在主动协助监管部门提高"以网管网"的工作水平。以美团为例，其自主研发的"天网"系统和"天眼"系统，前者实现了对入网餐饮商户进行全生命周期管理，后者则是将消费者点评数据作为依据，通过人工智能等技术生成有利于发现食品安全问题、加强监管执法的数据信息。这些举措成了平台型企业与政府监管部门在协同治理方面的一次创新探索。

> 延伸阅读

美团布设"天网""天眼",推进食品安全社会共治

在过去,面对全平台上百万家餐饮商户,以传统方式对食品经营许可证进行审核及验真,效率较低,难免会有疏漏。如今,美团集团通过与政府部门信息共享、资源对接,利用大数据分析等新技术,为网络餐饮消费安全布下"天网""天眼",成为推进食品安全社会共治的新生力量。

"天网"系统和"天眼"系统是美团自主研发的"入网经营商户电子档案系统"和"餐饮评价大数据系统"。"天网+天眼"能够对入网餐饮商家进行全生命周期动态管理,帮助监管部门提高"以网管网"的工作水平,为消费者的食品安全构筑坚强的防线。

首先,入网经营的商户要在"天网"系统中建立电子档案,防止"幽灵商户"的现象出现。通过"入网审核、在网监管、退网追踪"三大环节,对入网餐饮商户进行全生命周期管理,将商家的餐饮服务许可证、营业执照等档案全部电子化,并进行及时跟踪比对,确保平台商户的信息真实可靠。

"天网"系统的构架

在网生命周期流程图:

入网审核:上传许可证图片 → OCR读取许可证信息 → 初审 → 政府数据接口核验 → (✗) 驳回原因登记

在网监管:通过送餐员对餐厅地址真实性进行实地核验,对超范围经营、许可证即将过期等情况进行预警通知,对消费者食品安全投诉反馈进行登记 → 退出原因登记

退网管理

而在"天眼"系统里，消费者输出的评价数据会成为食品安全监管的重要线索，通过智能分析形成负面信息线索库，让政府的抽查有的放矢。比如那些经常出现带有"不卫生""吃坏肚子"等评价的餐馆，会被大数据系统轻松地捕捉到，经过量化统计及数据可视化后，再共享给监管部门，为其监管提供依据。如此，数以万计的消费者成了数以万计的食品安全"监督员"，每一条点评数据也被赋予了"监督"的使命。

这样的政企合作共治实践，探索了新的食品安全监管模式。以"天网""天眼"强化食品安全治理，充实基层监管力量，成为美团利用互联网、大数据技术完善社会治理的典型案例。

除了工商监管压力得以释放，共享单车的治理这个广受社会关注的问题也在2019年得到一定程度的解决。自2017年8月《关于鼓励和规范互联网租赁自行车发展的指导意见》发布以来，各地政府部门积极探索管理机制和管理措施，督促运营企业提高服务质量，落实主体责任，引导行业良性发展。与此同时，共享单车企业开始重视精细化运营，并主动通过技术手段来协助监管部门共同参与到治理中来。比如，美团单车推出了全生命周期管理的理念，加强对共享单车废旧零部件（如单车智能锁、太阳能板、轮组等）的回收再利用，对于无法循环利用、供应商也无法回收的零部件，交由资源回收公司统一进行无害化处理，争取实现共享单车废旧零部件100%回收再利用；还研发出自适应蓝牙道钉，可以引导用户在规范区域内有序停车，解决车辆无序停放的难题。其他共享单车也先后探索出基于大数据等技术实现供需预测、智能规划等智能化运营方式。

> 延伸阅读

美团创新电子围栏技术，探索共享单车停放管理新模式

共享单车已成为很多人日常通勤的方式之一，与传统公共交通形成了有效互补。然而，共享单车在大批量、集中投放时，用户随意停放、堵路、占地等问题日益突出。同时，交通出行的"潮汐效应"明显，单车的"局地淤积"情况也给城市管理带来了新的困扰。

在这种情况下，良好的停车秩序是人们出行的有力保障。随着行业快速发展，美团单车迅速认识到应借助技术手段实现车辆停放的有序化，进而实现单车由粗放式管理向精细化管理转变。

2018年6月，美团单车根据上海市公安交通管理部门提供的禁停区域信息，创新上线了禁停电子围栏，首创"数字化管理上海方案"；2018年9月，美团单车在上海相关政府部门指导下，首次以收取车辆管理费的形式，试点扣费型"电子围栏"。相关数据显示，上海禁停区内单车违停数量下降超过70%，部分区域下降高达90%，累计提醒停放在禁停区域内的用户逾万人次。

美团单车有序停放

上海人民广场增设电子围栏禁停区以来，效果尤为显著，主要体现为电子围栏内车辆数、违停现象大幅减少。用户若将单车骑进禁停区域，会收到短信提醒，要求尽快将车骑至正常运营区域；而违规停车超过一定次数，会被要求缴纳一定数额的车辆管理费。为了优化用户体验，美团单车还在禁停区周边的可停车区域，梳理标识了上百个引导停车点，用户可通过App端查看，蓝色"P"字标识即为可停放点，真正做到有序停放。

> **延伸阅读**
>
> **美团单车破解废旧单车难题，全生命周期管理引领可持续发展**
>
> 2019年6月5日是世界环境日，延安市万花学校的学生们收到了一份特别的儿童节礼物——一块由摩拜单车废旧轮胎"重焕新生"的塑胶多功能运动场。这块铺在革命老区延安市万花学校操场上的运动场，是万花学校的师生们拥有的第一块塑胶场地。这块运动场由7800多条回收的摩拜单车废旧轮胎制成，既符合循环经济理念，又为革命老区的孩子们提供了一块环保、安全、健康的运动场地。
>
> 共享单车接驳城市公共交通的"最后一公里"，在给人们出行带来便利的同时，耗损车辆的维修及报废也给城市管理出了新的难题。2018年7月，摩拜单车率先在行业内提出并践行"全生命周期"行动，废旧单车100%回收再利用。美团单车全新升级的"全生命周期2.0"行动正在通过跨界合作，以技术创新探索单车生命周期的更多可能性，为城市治理难题提出解决之道。

一个数字平台的管控规模及至全国范围的企业，其运营实际上已经成为整个社会运行的重要组成部分。每天活跃在全国各个地方大街小巷的百万美团骑手，以及平台的餐饮、酒店、票务、旅游、观影（剧）、门票等千万订单所关联到的社会成员,都是参与社会管理与治理的重要因子。这样的平台,从某种角度而言,其实是社会治理的数字赋能,是企业管理与社会治理相互正向激励的依托。

"15分钟生活圈""天网天眼系统""急救员""小巷管家",以及共享单车电子围栏、废旧车辆环保化处置等企业经营行为,皆为社会治理差别化、精细化的题中应有之义。将企业运营和管理的数字平台纳入社会治理体系建设,将使治理手段更精当、措施更精准。

善的探索

扶贫篇 120
数字经济助力扶贫攻坚 121
《2019年外卖骑手就业扶贫报告》 131

公益篇 140
通过美团，生活服务业商户参与公益更方便了 141

■ 扶贫篇

数字经济助力扶贫攻坚

▶ 通过做"外卖小哥",实现就业扶贫

常包红来自甘肃陇南的一个贫困山区。村里十多个建档立卡贫困户,他家就是其中之一。作为家里最主要的经济来源,常包红曾在北京做过汽修工人,但因工厂减产被辞退,背负着巨大压力重返北京后,却因没有学历和资历,难以找到工作。经同乡介绍,常包红成了一名美团外卖骑手,一年多的时间,从刚开始到处问路、常常迷路,到如今每天能配送40多个外卖订单,他靠着自己一点一点的努力和拼搏,成了所在站点月收入万元的"单王"。现在,靠着送外卖,他不仅养活着一家人,也还上了老家盖房子所欠的贷款,甚至因为奋斗脱贫,登上了《新闻联播》。这个老实巴交的人,过去从来没有想过会有这么一天。

像常包红这样的美团骑手还有很多。中国人民大学劳动人事学院2019年6月发布的《生活服务平台就业生态体系与美团点评就业机会测算报告》显示,过去一年里,通过美团外卖平台获得收入的骑手增至399万人,其中有25.7万人为国家建档立卡贫困户,他们都通过美团这一生活服务平台获得了稳定的收入,努力实现脱贫。

延伸阅读

跑得勤、赚得就多,王灵斌做骑手实现脱贫致富

1993年,王灵斌出生于甘肃省榆中县吕家岘村一个贫困家庭。父亲患有严重的腰椎间盘突出和高度近视,无法承担过重劳动,母亲

年迈体弱，维持一家人生活的重担，早早落在了王灵斌的肩上。

16岁时，王灵斌选择辍学，揣着50元只身北上，看过大门、端过盘子、修过汽车。2016年，23岁的王灵斌进入兰州一家快递公司，"从早晨7点到晚上9点，不得闲，每天都是累瘫的状态，但其实赚到手的钱仅够维持自己的生活。"那个时候，王灵斌从不敢幻想未来。

2018年，王灵斌得知美团外卖骑手工作的薪资待遇优厚，于是主动辞去了收入微薄的工作，加入美团兰州万新站，成为一名专送骑手。加入美团以后，王灵斌几乎全年无休地坚守在配送一线，多劳多得的薪酬制度激发了王灵斌的干劲，无论刮风下雨、严寒酷暑,他都坚持送餐。一分耕耘，一分收获。王灵斌手头逐渐宽裕，每月都能够给父母提供生活开支，还时常帮助哥哥一家。

2019年4月，王灵斌购置了一辆崭新的SUV，他靠着自己的辛勤劳动彻底摘掉了贫困的"帽子"，改善了自己的生活。王灵斌希望自己能够好好把握骑手这份工作，趁年轻努力赚钱，尽快在市里买一套房，将父母也安置好。

王灵斌通过做骑手实现脱贫

值得一提的是，为了帮助骑手群体真正通过就业获得稳定收入，进而带动全家实现脱贫，美团为他们作出更为长远的规划，提供基础知识、配送技巧、个人综合水平、职业能力四个方面的专项培训。通过线上线下融合教学的方式，满足骑手不同成长阶段的需求，让他们变得更加积极自信，能更好、更快地融入城市。

在提升家庭风险抵御能力方面，美团还推出了国内首个骑手家庭大病帮扶公益项目——"袋鼠宝贝公益计划"。通过医疗资源对接、应急大病救助金等帮扶措施，为骑手家庭提供大病保障，解决他们的后顾之忧。

> **延伸阅读**
>
> **美团启动"袋鼠宝贝公益计划"，助力4岁失聪男童听见世界**
>
> 张满堂是一名来自河南农村的90后小伙子。2017年前，儿子浩浩不幸被查出患有双侧前庭导水管扩张，即重度听力障碍，严重影响了孩子学说话的能力。这让张满堂一家的生活发生了巨大变化。
>
> 几经考虑，张满堂选择了武汉作为医治浩浩和自己工作的新地点。来到武汉之后，张满堂和妻子双双做起了外卖骑手，两个人外出送餐时，不放心让年纪尚小的孩子独自在家，张满堂只能带着孩子一起送外卖。正因如此，张满堂有了"袋鼠爸爸"的称号，电动车就是他的"育儿袋"。
>
> 武汉康复学校的老师告诉张满堂，孩子一定要在六岁以前植入人工耳蜗，否则一辈子都会变成聋哑人。然而，人工耳蜗的费用对张满堂而言就是个天文数字，张满堂只能带着儿子继续一边送外卖一边攒钱。
>
> 2019年7月，美团外卖"袋鼠宝贝公益计划"启动，为骑手家庭提供三重帮助：首先，全国18周岁以内的外卖骑手子女，在确诊患有此公益计划救助病种范围内的疾病后，最高可获得5万元的紧急医疗救助金；其次，如获得救助金后仍存在医疗资金缺口，还可获得个案慈善救助服务；最后，"袋鼠宝贝公益计划"还可以对接医疗资

源,通过组织心理艺术疗愈等方式,全方位守护骑手子女健康成长。

张满堂和浩浩被纳入了公益计划的第一批名单,获得了数万元的善款。同时,一位爱心人士获知后捐赠了17万元,张满堂终于为儿子浩浩凑齐了20余万元费用。10月14日,浩浩在北京儿童医院进行了第一期手术,植入人工耳蜗;随后又在11月20日完成第二期手术,成功将人工耳蜗开机。目前,浩浩已完成术后康复,听力和语言能力也在逐步恢复中,未来只需两到三年的康复训练,就可以像正常孩子一样生活了。

截至2019年12月底,"袋鼠宝贝公益计划"已帮扶33个孩子不幸罹患大病的外卖骑手家庭,分别来自美团、肯德基等平台,为他们提供紧急医疗救助金、对接医疗资源,帮助他们渡过难关。

"袋鼠宝贝公益计划"帮骑手张满堂的孩子装上了人工耳蜗

商业组织已成为脱贫攻坚的重要力量

2019年是全面建成小康社会关键之年,也是打赢脱贫攻坚战的重要之年。很多企业和美团一样,在推动社会发展的同时,也依托自身的商业优势,积极探索高质量、可持续的精准扶贫模式,成为脱贫攻坚战中的重要力量。据国务院扶贫办公室统计,截至2019年6月,我国共有8.81万家民营企业进入精准扶贫台账,精准帮扶10.27万个村,其中建档立卡的贫困村5.53万个,帮扶建档立卡贫困人口1163万人。

以恒大为例,除直接捐赠以解决特困地区的燃眉之急外,恒大也探索出集产业扶贫、易地搬迁扶贫为一体的恒大新模式,如针对毕节的扶贫中,恒大集团帮助毕节全市约6.3万人搬出深山老林,并同步配建教育、商业等设施和适宜贫困户就业的产业,实现了搬迁人口易地脱贫;还组织贫困群众进行职业技能培训,推荐到当地产业就业和异地就业,实现了"一人就业,全家脱贫"。

腾讯也依托自身的互联网优势打造"为村"平台,以"互联网+乡村"的模式,为贫困地区搭建信息传播平台。通过引导村委和村民学习使用,来满足生产生活交流、社群互助等需求,并通过平台整合来自包括村内、地方政府、社会等多方资源,促进村庄文化繁荣并与城市需求密切相连,拉动贫困地区的旅游发展,提升贫困户的文化水平。

作为数字经济下的生活服务业平台,美团除了在自身发展创造以骑手为代表的新职业群体稳定就业外,也在进行着新的探索和尝试,从全产业链出发,带领贫困地区老百姓因地制宜、因人而异地脱贫增收,把当地的农产品、旅游等资源与大城市连接,打造出"消费扶贫""旅游扶贫"的精准扶贫模式,实现扶贫与生活服务业的高度融合。

融入生活服务业的扶贫更具可持续性

在消费扶贫上,以餐饮为核心的美团探索出"在贫困地区与消费者之间搭建消费直通平台"的有效路径。一方面,通过"助力高远"美食消费扶贫公益项目,推出"美食消费扶贫"新模式,将对口地区农产品、贫困户、农产品供应商、餐饮商户和广大美食消费用户连接起来,依托餐饮渠道实现贫困地区的绿色食材从山野田间推广到城市餐桌,并通过深加工形式使其成为城市餐饮消费的"新宠"。在提升农产品附加值的同时,拓展农产品的销路,以商业的手法探索扶贫农产品销售的可持续性。另一方面,结合旗下"快驴进货""小象生鲜"两大电商平台,利用技术手段连接城乡,实现贫困地区农特产品的精准采购、精准销售,直接帮助农户产品变现,让种植农户得到实惠,让特色农产品得以线上流通。截至目前,"快驴进货"已采购甘肃定西土豆3000吨、白银市会宁县洋葱60吨、张掖市野植白山药17吨。

> **延伸阅读**
>
> **从西藏到用户手里的一杯奶茶——一粒青稞的旅行**
>
> 青稞,得益于高原得天独厚的生长环境,拥有高蛋白质、高纤维、低糖等特点,是大自然赐予人类的"宝藏"。然而,青稞在销路上面临的最大挑战就是消费者认知度不高,不了解青稞的营养价值和风味特点,更不清楚青稞的做法。与此同时,青稞产地往往较为偏远,物流不畅,无法形成稳定销路。为了帮助当地农户打开青稞的销路,美团一方面通过大众点评App设置话题,反复向消费者讲解食材的来源、绿色及无污染,促进消费者了解青稞,并且鼓励消费者积极点评,发布文字、图片、视频等内容,让更多消费者互动起来,讨论

青稞的营养价值，提升大众对青稞的关注；另一方面，联合一批餐饮商家成为首批"助力高远青稞计划"合作伙伴，采购西藏自治区、云南等地的绿色生态青稞作为原材料，研发青稞创新餐品，为广大消费者带来绿色餐饮消费新体验。

产自西藏日喀则的青稞

茶饮品牌CoCo利用青稞推出的新品鲜芋青稞牛奶，成为2019年的新晋网红饮品；同时，CoCo全国多个门店举办了200多场青稞分享会，让消费者在体验中更好地了解青稞。

在这一场关于青稞的"精心策划的旅行"中，贫困地区的农户获得了稳定可持续的销售渠道。以西藏自治区日喀则江孜地区为例，随着"助力高远"餐饮合作伙伴对青稞的采购需求不断增加，青稞采购量也实现连年快速增长。目前，当地销往上海的青稞占整体销售量的7%，在两年前，这个数据仅有1%左右。

> 延伸阅读

"快驴进货"助力会宁洋葱摆脱滞销困境，为贫困地区"输血"更"造血"

2019年5月13日上午10点，北京新发地农产品批发市场，一辆满载着洋葱的货车，行驶1500多公里后刚刚抵达，开始准备卸货分装。很快，这些千里而来的洋葱将通过一家餐饮供应链平台——"快驴进货"的北京仓，走进京城各大餐饮商家的后厨。

甘肃省白银市会宁县，是国家级贫困县，本地出产的洋葱却闻名全国，皮色鲜亮，个头大，营养价值和口感俱佳，耐储存和运输。种植洋葱是当地农民重要的经济来源，然而好货也愁卖，由于前些年种植面积扩张,洋葱行情低迷,菜农不愿意赔钱出售,就将洋葱囤积储存起来,造成了会宁洋葱大面积滞销。

"个头大、皮亮"的甘肃会宁洋葱

为解决销路问题,甘肃省文化和旅游厅与美团点评展开合作,凭借美团旗下"快驴进货"的供应链网络,将洋葱从原产地直接配送到餐饮商户手中,打开了销路,也减少了中间层层分销的环节,既让使用"快驴进货"平台的商户采购到了物美价廉的基地直采产品,也让当地种植农户看到了实实在在的收益,给当地农民搭建了从田间生产到餐桌消费的便捷渠道;不仅使当地实现了"输血"功能,更是保障稳定增收的有效"造血"方式。

在旅游扶贫上,依托自身流量优势、渠道优势,以及在线旅游推广、民宿运营的优势,美团在帮助贫困地区优质旅游资源、物产特色"走出去"的同时,从2019年4月启动"新青年追梦计划"扶贫项目,通过对贫困地区农户开展各类旅游、民宿相关培训活动,帮助贫困户以更科学、更合理的经营模式创造增收。截至目前,已在甘肃、陕西、四川、贵州等地完成26场线下培训,覆盖4194人次。

在很多人的记忆中,大企业、名企业扶贫,无非就是"撒币砸钱赚吆喝"。在数字经济时代,通过电商数字平台的扶贫,贫困人口、贫困户和贫困地区被精准锁定,进而被"扶上台"、拉入链——纳入数字平台和产业链,与平台的数据对接,可以点对点地将贫困人口和贫困户建构进供需交易关系中,让脱贫不致成为一个暂时现象和不可持续的状态。

延伸阅读

家门口做生意，从脱贫到致富

陕西汉中佛坪地处秦岭腹地，2018年宣布摘掉贫困县的"帽子"。当地村民以往三四天才能接一个编竹筐的活，挣上20多元。如今，借助互联网的宣传和西成高铁的开通，越来越多的游客慕名而来，探寻大熊猫的踪迹，原生态成为佛坪当地新的旅游卖点。

"就是想让到我们这里的游客，在偶遇野生大熊猫的同时，还能吃上地道的农家美食。"大古坪村村民马芬2018年花了10多万元，把自家的房子改成了农家乐，靠着秦岭的旅游资源"念起了生意经"。在佛坪，像马芬这样希望靠山致富的人不在少数。但是，从来没有做过经营的他们，并不清楚该如何才能把农家乐经营好。

2019年4月8日，美团"新青年追梦计划"酒店民宿从业人员创业扶贫培训班在佛坪县文化馆开班。美团邀请了包括知名院校讲师、企业管理者等师资来进行授课，课程结束之后，参与此次培训的100多名学员，纷纷表示受益良多。

2019年首期美团"新青年追梦计划"酒店民宿从业人员创业扶贫培训班在佛坪县文化馆开班

无论是通过吸纳贫困地区人口就业还是通过数据平台将贫困地区的产品和服务精准对接至需求方，也无论是提供"袋鼠宝贝公益计划"等救济措施还是助力贫困地区农家乐上线，数字经济在扶贫和脱贫中已经展现出了不可小觑的力量。

> **专家观点**
>
> 在脱贫攻坚的时代大决战中，互联网企业是一支不可或缺的强大力量。互联网的分享、快捷、平台化等特点，使其在整合、优化社会资源方面具有先天优势。在精准扶贫实践中，互联网企业结合主业，通过电商平台流量导引，打通贫困地区货物销售渠道；通过打造新的社会分工体系、新的就业形态，解决大批贫困人口就业难题；通过互联网技术，打破城乡二元的数字鸿沟，助力基层乡村治理……多措并举，多管齐下，实现贫困人口脱贫和贫困地区的可持续发展。
>
> 钟宏武
中国社会科学院企业社会责任研究中心主任

《2019年外卖骑手就业扶贫报告》

促进贫困人口通过就业增收,是精准扶贫、精准脱贫的有效措施,更是提高脱贫质量、建立脱贫长效机制的根本途径。党中央、国务院高度重视就业扶贫工作。习近平总书记指出,一人就业、全家脱贫,增加就业是最有效、最直接的脱贫方式。

随着互联网科技的发展和人们生活方式的转变,近年来外卖行业蒸蒸日上,催生了大量的工作岗位。外卖作为劳动密集型行业,对学历、技能等方面要求不高,行业准入门槛低,就业灵活性强,吸纳了大量的建档立卡贫困人口就业。外卖骑手已经成为许多贫困地区人口进入城市实现迅速就业的主要途径,也成为贫困人口增加收入、实现稳定脱贫的有效手段。3月12日,在国务院扶贫开发领导小组办公室(以下简称"国务院扶贫办")开发指导司的支持下,美团发布了《2019年外卖骑手就业扶贫报告》。

为进一步研究外卖骑手对促进贫困劳动力就业增收的影响,2019年11月,美团研究院通过美团外卖骑手端App发放调查问卷,共回收18.9万份问卷,其中,有效问卷为17.6万份。本报告基于国务院扶贫办、美团平台和外卖骑手调研等数据,通过比对分析得出。

国务院扶贫办官方微信公众号发布美团《2019年外卖骑手就业扶贫报告》

6.0%的美团外卖骑手来自建档立卡贫困家庭

截至2019年底，累计约有720万名外卖骑手，通过美团平台实现就业增收，其中43.2万名是建档立卡贫困人口，约占美团外卖骑手总量的6.0%。2019年，在美团平台就业的外卖骑手共有399万人。其中，25.7万人是建档立卡贫困人口，占骑手总量的6.4%。据不完全统计，外卖骑手家庭户均4.3人，其收入约占家庭总收入的70%。目前，美团平台专送骑手①的月工资为5000~6000元，众包骑手②收入因劳动时间长短略有差别，也普遍在3000元以上。因此，只要在平台实现稳定就业，即可实现有质量的脱贫。数据显示，2019年，外卖骑手中已有25.3万人实现脱贫，脱贫比例高达98.4%。

---

① 专送骑手：美团配送加盟商所属骑手，全职开展配送服务。
② 众包骑手：共享配送员，其劳资关系不属于任何一家单位，作为共享配送员可以自由选择任何一家平台接单，工作时间灵活性更强。

建档立卡贫困户外卖骑手数据分析

2019年,来自建档立卡贫困户的外卖骑手,主要呈现下述方面的发展特征:性别分布上,以男性为主,占总人数的95.1%;年龄分布上,以20~30岁(含)的数量最多,占比为58.8%,其次为30~40岁(含),占比为27.6%;学历分布上,92.3%的外卖骑手为高中及以下学历,63.3%的外卖骑手为初中学历,12.3%的外卖骑手为小学及以下学历,学历普遍不高(见下图)。

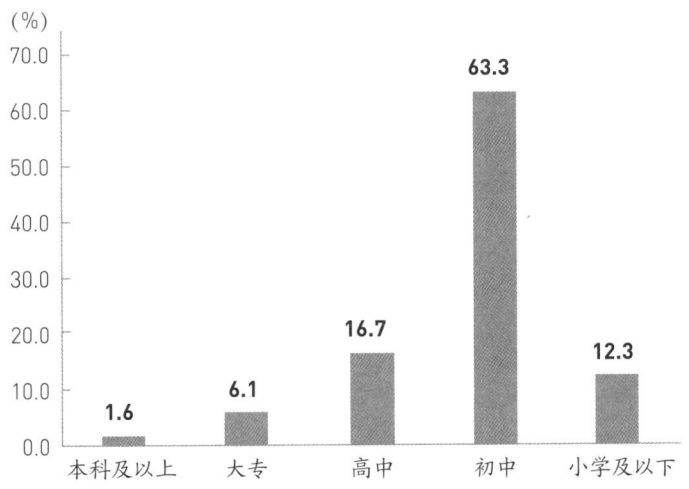

2019年来自国家建档立卡贫困户的外卖骑手的学历分布

(一)建档立卡贫困户外卖骑手主要来自河南、贵州、湖南、四川等省份,广东是外卖骑手数量最多的省份

2019年,建档立卡贫困户外卖骑手主要来自河南、贵州、湖南、四川、云南等5省。其中,来自河南的建档立卡贫困户外卖骑手为2.3万人,来自贵州、湖南、四川的建档立卡贫困户外卖骑手均为2.2万人，来自云南的建档立卡贫困户外卖骑手为2.1万人。受贫困人口基数较大的影响，建档立卡贫困户外卖骑手来源地前10名的省份和未脱贫外卖骑手来源地前10名的省份基本一致（见下表）。

2019年建档立卡贫困户外卖骑手来源地和未脱贫外卖骑手来源地

建档立卡贫困户外卖骑手来源地	排名	未脱贫外卖骑手来源地	排名
河南省	1	云南省	1
贵州省	2	河南省	2
湖南省	3	贵州省	3
四川省	4	甘肃省	4
云南省	5	广西壮族自治区	5
广西壮族自治区	6	湖南省	6
陕西省	7	安徽省	7
甘肃省	8	陕西省	8
安徽省	9	四川省	9
湖北省	10	江西省	10

在工作地选择上，2019年，建档立卡贫困户外卖骑手的工作地主要集中在广东、浙江、江苏、上海、北京，均是经济强省（市）（见下表）。由此可见，建档立卡贫困户外卖骑手往往从经济欠发达省份流向经济强省（市），以更好地寻找就业机会。

2019年建档立卡贫困户外卖骑手的工作地前10位

排名	1	2	3	4	5
工作地	广东省	浙江省	江苏省	上海市	北京市
排名	6	7	8	9	10
工作地	云南省	陕西省	四川省	湖南省	湖北省

（二）建档立卡贫困户外卖骑手家庭户均4.3人

建档立卡贫困户外卖骑手看起来是一个人，但其背后是以外卖骑手工作为基础而撑起的贫困家庭，有的家中有失去劳动能力的家人，如重病在家、残疾等；有的家中有多个子女，妻子要全职照顾家庭；有的家中存在数辈常年贫困的历史问题。从建档立卡贫困户外卖骑手的家庭组成来看，平均家庭人口数为4.3人。其中，57.5%的建档立卡贫困户外卖骑手家庭有4~6人，8.3%的建档立卡贫困户外卖骑手家庭有7人及以上，家庭经济压力较大（见下图）。

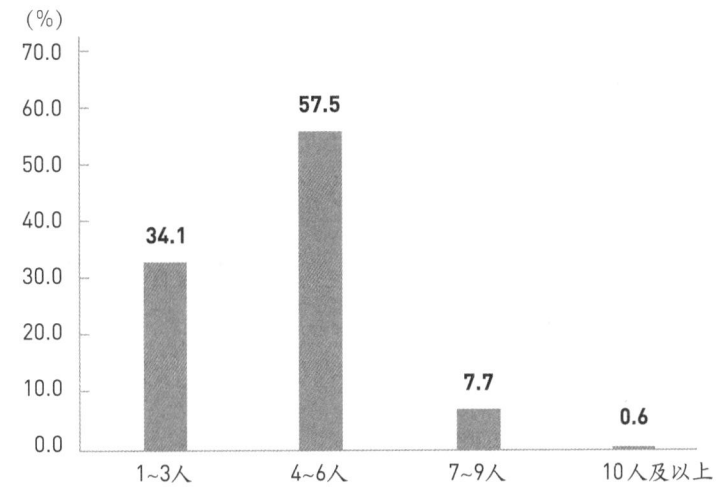

2019年美团建档立卡贫困户外卖骑手的家庭人口数分布

（三）外卖骑手的工作时间越久收入越高，已脱贫的外卖骑手不易返贫

美团抽样调查问卷显示，2019年，9.8%的美团建档立卡贫困户外卖骑手的月收入为1000元（含）及以下，23.1%的建档立卡贫困户外卖骑手的月收入为1001~3000元（含），30.2%的建档立卡贫困户外卖骑手的月收入为3001~5000元（含），29.2%的建档立卡贫困户外卖骑手的月收入为5001~8000元（含），7.7%的建档立卡贫困户外卖骑手的月收入高于8000元（见下页图）。

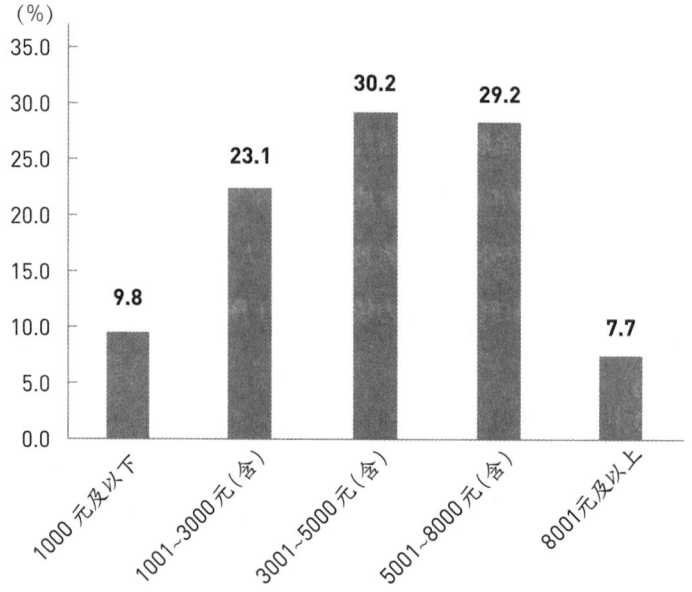

2019年美团建档立卡贫困户外卖骑手的月收入分布

以最大分布量3001~5000元（含）来看，建档立卡贫困户外卖骑手的收入是贫困家庭的主要收入来源。

不仅如此，对建档立卡贫困户外卖骑手而言，外卖骑手工作是一份可长期从事的工作，从业时间越久，收入会越高。下页表分析了建档立卡贫困户外卖骑手收入和从业时间交叉后的TGI①指数。TGI的数值越大、颜色越深代表该数据越强势。直观可见，从业时间越久的建档立卡贫困户外卖骑手获得的收入会越高。

---

① TGI即Target Group Index，目标群体指数，可反映目标群体在特定研究范围内的强势或弱势的指数，如收入为1000元（含）及以下、从业时间不足1个月的外卖骑手的收入TGI=[该类型外卖骑手人数/1000元（含）及以下不同从业时间平均外卖骑手人数]×标准数100。

2019年美团建档立卡贫困户外卖骑手收入和从业时间TGI指数

月收入 从业时间	1000元（含）及以下	1001~2000元（含）	2001~3000元（含）	3001~4000元（含）	4001~5000元（含）	5001~6000元（含）	6001~8000元（含）	8001~10000元（含）	1万~1.2万元（含）	1.2万~1.5万元（含）	1.5万元及以上
不足1个月	201	90	77	67	49	36	19	13	14	25	42
1~3个月（含）	186	18	170	149	123	87	60	36	29	25	64
3~6个月（含）	89	12	110	109	109	98	84	48	36	25	53
半年~1年（含）	87	11	128	133	145	155	150	132	115	74	74
1~2年（含）	81	97	111	126	148	167	183	197	201	172	12
2~3年（含）	33	53	65	68	77	92	108	138	165	178	64
3年以上	23	32	39	47	49	65	96	136	141	203	28

建档立卡贫困户外卖骑手的个人发展

在从事外卖骑手工作之前,25%的建档立卡贫困户外卖骑手是工厂工人,21.5%的建档立卡贫困户外卖骑手是生活服务业从业人员。外卖骑手个体化、灵活化就业特征凸显。调研发现,较大比重的外卖骑手将目前的工作作为过渡,一旦有了更好的选择,如创业等,他们将选择离开。

对于未来发展,48.3%的建档立卡贫困户外卖骑手选择"边走边看,目前先继续做外卖骑手",40.7%的建档立卡贫困户外卖骑手选择"创业或自己做小生意"。这一方面造成外卖骑手的工作流动性大,大多从业时间不长(见下图),46.0%的建档立卡贫困户外卖骑手从业时间不足半年;另一方面,外卖骑手的工作弹性大,为建档立卡贫困户外卖骑手提供了就业缓冲的空间。

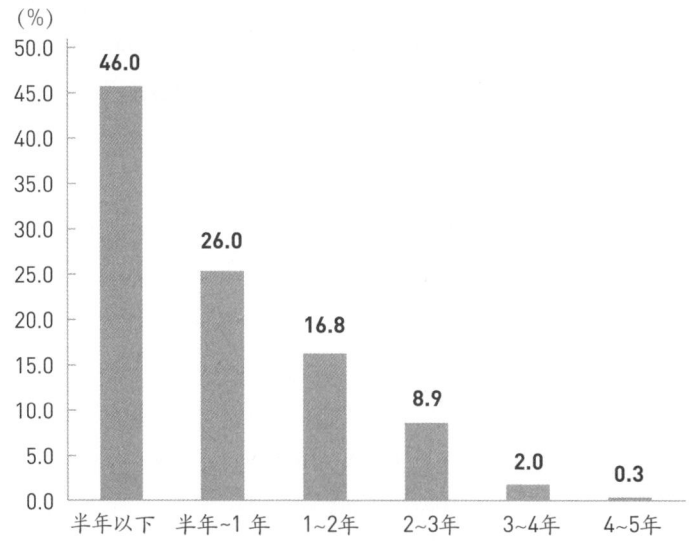

2019年美团建档立卡贫困户外卖骑手从业时间分布

提升收入水平、社会认可度和长期专业技能，是建档立卡贫困户外卖骑手最关注的三个方面。调查问卷分析结果显示，65%的建档立卡贫困户外卖骑手认为，收入提升最重要，40.7%的建档立卡贫困户外卖骑手认为，社会认可度提升很重要，40.1%的建档立卡贫困户外卖骑手认为，长期提升专业技能很重要，33.2%的建档立卡贫困户外卖骑手认为，国家政策鼓励、支持和补贴很重要。为提高外卖骑手工作的稳定性，未来可考虑从上述方面入手，提升外卖骑手的从业热情，支持外卖骑手的个人职业发展。

2020年，美团将发布外卖骑手成长计划。该计划是针对外卖骑手配送工作能力纵向提升以及未来职业发展规划横向拓展的培训计划，目的是让外卖骑手立足本职工作，提升配送技巧及收入；同时依托美团大学现有的外卖骑手培训内容及外卖骑手自强学堂，学习平台课程与技术，引入外部培训机构，提升美团外卖骑手群体的综合能力和素质。

公益篇

通过美团，
生活服务业商户参与公益更方便了

 超12万商家通过"青山计划"为环保助力

2019年世界地球日期间，美团外卖"青山计划"联合麦当劳、星巴克、喜茶等21个知名餐饮商家，共同发起了"无塑吸管挑战"活动。通过引导消费者在合作商家线上下单时选择"无需餐具"参与"无塑吸管挑战"活动，以及提供千元基金作为对用户的激励，动员用户践行绿色消费行为。21个品牌商家在全国范围内参与活动的门店总量超过8000个。

联合商家对消费者进行环保理念的倡导，是美团外卖"青山计划"的一个方面。作为外卖行业首个行业环保项目，"青山计划"由美团外卖于2017年发起并设立，旨在从环保理念倡导、环保路径研究、科学闭环探索、环保公益推动四个方面，携手外卖商户，共同推动外卖行业环保化进程。2019年，美团外卖不断拓展"青山计划"的广度和深度：路径研究方面，与高校、研究机构达成深入合作，参与制定了一系列餐具相关技术标准，发布科普报告；闭环探索方面，从源头减量、包装升级、回收分类及循环利用四个重要环节入手，携手商户推出了多种新型环保包装，还探索外卖垃圾分类回收模式；环保公益方面，截至2019年12月31日，与中华环境保护基金会联合设立的"青山计划专项基金"已吸引超过12万商家加入，累计1.2亿用户在"青山公益商家"完成近5亿单，商家共捐出善款635万元。

> 延伸阅读

"青山计划"线上线下齐发力，引导用户提升环保意识

2019年6月5日是世界环境日，美团外卖"青山计划"联合美团公益、中华环境保护基金会共同举办"美丽中国，我是行动者——快乐生活，绿色消费"环保主题活动，通过包括减少一次性餐具使用、绿色低碳出行以及垃圾主动分类投放等行动倡导，推动公众在日常生活中养成绿色环保的生活方式。为了鼓励公众减少使用一次性餐具，活动期间，美团外卖"青山计划"上线"能量捐"，用户在线下单选择"无需餐具"，即可通过"能量捐"获得环保公益金兑换机会，定向用于包括支持环保设施等向公众开放的全国性公益行动。为此，美团外卖"青山计划专项基金"出资100万元，用于公众的环保公益基金兑换。与此同时，为了推广环保理念，美团公益携手演员张钧甯、张佳宁、哈妮克孜通过线上进行公益倡导。

作为连接用户和百万餐饮商家的互联网平台，美团外卖"青山计划"持续通过平台优势，从线上的理念倡导，到植树节、世界地球日、麦田音乐节等特殊节日的线下活动，联合推动用户从环保意识到实际行动的转变。截至2019年12月，已累计触达用户超10亿人次。

融环保和乐趣于一体的"青山就业局"

> 延伸阅读

与外卖生态相关方深度联动，完善外卖产业环保闭环

2019年8月19日，美团外卖"青山计划"正式与喜茶合作，联合开展喜茶杯回收项目。消费者可以在上海的12家喜茶门店参与一次性塑料喜茶杯的回收，回收后的塑料杯将被重新利用，制造成"青山计划"喜茶联名款周边产品。活动开始后获得公众广泛参与，短时间即回收2000斤塑料杯，循环再造了4000件包括手提袋、手机壳、行李牌等时尚环保产品。10月26日至11月10日，美团外卖"青山计划"与喜茶联合，在上海长宁来福士举办"灵感再生实验室"，基于塑料喜茶杯的循环利用，呈现了一场生动的线下创意环保会演。消费者在现场可以看到用喜茶杯制成手提袋、手机壳等环保产品的全过程。

伴随着餐饮外卖行业的快速发展，美团外卖积极携手行业商户，共同探索绿色、环保、可再生的外卖产业链，从外卖包装全生命周期各环节入手，后端关注包装的循环利用，前端则联合包装研发机构、商家一起，探索环保包装升级，并在北京、上海、广州、深圳等多城市投放生物降解塑料袋等环保物料1700万份（截至2019年底），持续完善外卖产业环保闭环。

"青山计划"联合喜茶打造的环保周边产品

> 延伸阅读

美团外卖"青山计划"公益林——汇聚商家力量,共助环保公益

2019年8月31日,美团外卖"青山计划"推出两周年之际,美团外卖宣布"青山公益行动"正式面向平台360万外卖商家开放,上线商家均有机会成为"青山公益商家"。用户只要在"青山公益商家"完成订单,商家即捐赠一定善款(0.01元起)用于环保公益行动。这一举措充分发挥了美团外卖的平台优势,带动平台上众多外卖商家共同加入环保行动,推动环保事业发展。截至2019年12月31日,已经有超过12万个商家成为"青山公益商家",已有1.2亿用户在"青山公益商家"完成近5亿订单,商家共捐出635万元善款。通过专项基金的专业运作,2017至2019年,善款先后在云南省文山壮族苗族自治州、甘肃省临夏回族自治州等贫困地区落成5片共1200余亩的生态公益林。在推动当地生态环境保护的同时,通过选择能够附带经济价值的植被,帮助当地贫困群众实现经济增收。

伴随着经济社会的发展,环境保护已经成为全社会关注的议题。发挥平台能力,携手商业伙伴、环保组织参与环保公益项目,已经成为美团外卖"青山计划"中的重要一环。作为平台,早在2017年"青山计划"推出时,美团外卖即携手中华环境保护基金会设立"青山基金",并先期投入300万元人民币,用于开展环保公益行动。这是餐饮外卖行业首个环保公益专项基金。

首片公益林在云南板蚌乡扎根

"美团公益商家计划"
带动百万商户推动社会议题解决

不只是助力环保,商家们还参与了更多社会议题的解决。2019年9月5日中华慈善日期间,美团酒店携手温德姆、碧桂园等知名酒店集团旗下近5000家酒店,共同发起酒店行业首个关注留守儿童问题的公益行动——"伴爱入住",并成为首批酒店公益商家。该项公益活动,一方面通过与商家的联合倡导来呼吁社会关注留守儿童问题;另一方面,商户也会通过美团平台上完成的每笔订单来捐赠小额善款,用以资助与留守儿童相关的专业公益项目,并且通过硬件教育设施完善、儿童心理疏导、城市互动融合等方面,帮助留守儿童健康成长。截至2019年底,已有超过10000家酒店商户加入行动。

> **延伸阅读**
>
> ### "伴爱入住"酒店商家关注留守儿童困境
>
> 随着城镇化进程的高速推进,留守儿童问题正受到社会的高度关注。根据《中国儿童福利与保护政策报告2019》,截至2018年8月底,全国共有697万名农村留守儿童。他们在成长的关键期,因为缺少父母的关怀与陪伴,容易出现孤僻、自我封闭甚至更为极端的情况。而留守儿童的背后,更多的是为了生计而外出务工的父母,他们的工作是家庭收入的全部来源,他们的努力是希望让自己的孩子能够有更好的生活。
>
> 外来务工人员的一大择业方向便是生活服务业。对于他们而言,能够通过公益帮扶和改善留守儿童的生活状态和心理建设,就是在解决他们的心中关切。2019年9月5日是中华慈善日,美团正式推出"美团公益商家计划",近5000家酒店成为行业首批公益商家,这些酒店的每一笔订单都将捐赠一定金额,用于支持偏远贫困地区的留

守儿童,从学龄前教育、心理疏解、社会融合三个层面,为他们带去帮助和关怀,探索留守儿童问题的创新解决方案。

如今,"美团公益商家计划"已在美团酒店、外卖、餐饮等业务平台全面开放。截至2019年底,已有超过13万个商家加入"美团公益商家计划",助力更多社会问题的解决。

2019年9月5日是中华慈善日,美团酒店"伴爱入住"公益活动宣传海报

事实上,无论是"青山计划"还是"伴爱入住",都是美团近年来将生活服务业与公益结合的探索举措,也是"美团公益商家计划"的核心内容。2019年,美团正式推出"美团公益商家计划",旨在依托美团自身丰富的生活服务场景优势及能力,搭建桥梁,提供工具,带动百万生活服务商家参与公益,将公益融入商家日常的经营行为当中。这一创新的公益模式,一方面降低了商家的参与门槛,让商家可以轻松、便捷地参与,比如经过深入调研推出线上公益产品和工具,有效打通美团与商家日常经营管理后台,实现商户一键参与、线上管理;另一方面,美团自身是生活服务平台,对商家的诉求、优势有着更为准确和深入的了解,可以更好地与社会议题相结合,使公益参与者与公益项目具有更高的匹配度。

酒店企业是文旅产业的重要组成部分。这一产业承担着提升我国人民幸福感、缔造美好生活的重任。旅游业"十三五"规划将旅游产业定义为与人民幸福生活紧密相关的战略性支柱产业。酒店企业对留守儿童的关注与帮扶，恰恰是践行着这一理念，希望将幸福和美好传递给那些容易被忽视的群体。因此，美团酒店联合众多酒店商家加入"美团公益商家计划"，致力于通过公益项目帮助更多的留守儿童。而对于迅速发展的外卖行业，一次性餐具、外卖餐盒包装等所带来的环保问题成为社会关注的焦点，对此，美团外卖联合众多餐饮外卖商家，通过建立行业环保公约、倡导环保理念，开设环保公益专项基金，探索环保路径解决方式，推动更多商户成为"青山公益商家"的成员，共同参与环保问题的解决。

此外，在景区门票、教育培训等生活服务业细分领域，美团充分结合行业商户自身的资源及场景优势，与自闭症群体社会融合、学生素质教育等社会议题及公益项目进行对接，充分发挥商户自身价值，探索社会议题的创新解决模式，取得了良好成效。截至目前，"美团公益商家计划"已覆盖美团旗下餐饮、酒店、外卖、门票、教育培训、亲子等业务，累计参与商户超过13万家。

综上所述，不难看出，在推动人人可公益、社会共同参与的公益慈善新生态的进程中，生活服务业已经越发重视并积极参与到公益慈善事业中。这当中，美团赋予了生活服务业更高的价值，让这一行业群体成为"互联网+公益"时代下的重要力量。

专家观点

商业组织是社会公益事业的重要力量。企业通过将公益与自身业务深度结合，可使公益举措精准触达社会议题，更可动员商业生态体系内相关群体的共同参与，使公益慈善的参与力量得以日渐壮大。生活服务业拥有商户数百万个，他们与社会议题有着最为直接的联系，而连接这些商户的互联网生活服务平台有着天然的触达优势，所能发挥的公益示范作用和倡导价值是巨大的。

徐永光

希望工程发起人、南都公益基金会理事长

▶ 打通线下,让公益与公众零距离

作为拥有丰富生活服务业态和场景的综合平台,美团在推动公益与生活融入方面,也作出了创新探索。除中华慈善日、世界环境日等重大时间节点通过线上曝光矩阵推广公益理念、倡导全民参与外,还基于自身丰富的消费场景优势,根据线上用户消费场景的不同,有针对性地推送一些引发共情的公益项目、公益理念,来提升人们的公益意识,形成"场景+公益"的创新模式。比如,消费者在进行宠物服务消费时,会推送与保护流浪动物相关的公益内容;而在餐饮消费时,贫困地区营养餐的公益项目会呈现在用户页面。美团还联动线下真实场景,让公益从线上走到线下,通过门票、酒店、电影等自身业务,为特殊群体提供线下真实的公益活动,既在一定程度上满足了他们的诉求,也为他们搭建了与普通大众沟通的桥梁。比如推出的让孤独症儿童家庭免费观影、免费畅玩海洋公园等线下活动,就有效地推动了自闭症家庭与社会的融合。

> **延伸阅读**
>
> ### 让孤独症孩子徜徉在欢乐的海洋,海昌海洋公园关怀孤独症家庭
>
> 孤独症又称自闭症,是一种较为严重的发育障碍性疾病。据国家统计局公布的数据,中国孤独症人士可能超过1000万个,其中0~14岁孤独症儿童超过164万个,并正在以每年10多万个新患者的速度上涨。
>
> 2019年国际自闭症日(3月30日)前夕,美团门票、美团公益与公益伙伴海昌海洋公园、壹基金宣布,启动"与星星同闪烁——孤独症家庭关怀计划"。一方面通过美团线上平台优势,面向用户普及孤独症的全面情况,提升公众认知;另一方面结合海昌海洋公园旗下各主题公园的线下资源优势,通过向孤独症家庭提供免费入园机会,以及在园

区内组织亲子公益跑等互动活动,为孤独症家庭与普通公众搭建相互了解、互动融合的场景及机会,推动公众对孤独症群体的全面了解。

"与星星同闪烁——孤独症家庭关怀计划"亲子公益跑活动现场

伴随着现代社会的发展、商业文明的进步,企业的发展已经不再以单纯地追求商业利益最大化作为唯一目标;随着生产方式的改变、消费理念的迭代,企业的经营发展已经与包括所在社区、社会的各个层面产生了密切的关联。因此,在不断完善商业模式、提升商家价值的同时,企业应主动承担社会责任,回应社会关切;通过积极地参与公益,探索社会问题的有效解决途径,可以形成良好的外部经营环境,建立良好的社会认知。

在积极践行社会责任、参与公益的过程中,传统的直接现金捐赠等方式已经无法满足社会发展及企业的需要;探索商业与公益的有效结合,将公益融入商业实体的日常经营和业务运作的闭环中,充分发挥不同企业的自身优势,才能够真正地实现公益的可持续,真正成为解决社会问题的有效路径。美团在公益领域不断实践与探索,一方面积极地将环保、留守儿童等社会议题融入自身商业模式当中;另一方面,充分发挥平台的链接优势和杠杆作用,撬动生活服务业生态的力量共同参与,实现商业资源与公益议题的精准衔接,推动社会向好发展。

难忘庚子之春

—— 战疫情,美团在行动 ——

2020年2月11日
美团外卖骑手老计行驶在空旷的武汉街头为用户送餐

别册

目录

154 　　前言

致敬"最美逆行者"
155 　　"美团-援鄂医疗队支持计划"
157 　　武汉"团战"

江城春日"摆渡人"
168 　　一个外卖员的武汉直播
176 　　"因为我是武汉人"

待到山花烂漫时
179 　　活法 | 两次遭遇现金断流，创始人自述：我们这样拿到贷款
186 　　一位餐饮老板的自救战"疫"：从日亏百万元到逆风翻盘
194 　　万万没想到，餐饮复工率第1的城市，竟是它

201 　　**附·美团应对新冠肺炎疫情工作的系列举措**

前言

庚子之春，突如其来的新型冠状病毒肺炎（以下简称"新冠肺炎"）让 14 亿多国人的心紧紧相连。美团积极采取行动，尽全力参与其中。

2020 年 1 月 26 日，美团宣布设立 2 亿元医护人员关怀专项基金，启动援鄂医疗队支持计划，同时推出医护人员紧急专供餐、单车免费出行、心理援助等多项举措，向"最美逆行者"致敬。

在湖北、在武汉的美团外卖骑手成为维系城市运转的"摆渡人"。他们把餐食送到医院，把生鲜蔬菜送到社区，为保障生活运转提供有力的支持。特殊时期，美团也全方位升级了骑手的安全保障措施，努力保护他们的安全，与他们一起守护家园。

美团启动"春风行动"，助力以中小微商户为主的生活服务业复工复产；启动"春归计划"，提供超过 20 万个长期就业、灵活就业的岗位，为"稳就业"尽一份儿力量。

这注定是一个难忘的春天，特编辑《别册》，是以记录。

致敬"最美逆行者"

"美团-援鄂医疗队支持计划"

支援武汉、支援湖北,全国医护人员在行动。这个春节很特殊,许多医护工作者在本该阖家团圆的日子里毅然远行。但这并不是只属于医护工作者的战斗,全民战"疫",美团在行动。

"美团-援鄂医疗队支持计划"定向支持医疗队的慰问金汇款凭条

1月26日,美团公益基金会宣布捐赠2亿元人民币,提供慰问金定向支持多省份援鄂医疗队。截至4月28日,美团公益基金会已完成对山西、陕西、江西、安徽、江苏、河北、贵州、重庆、黑龙江、辽宁、上海、湖南、广东、甘肃、宁夏回族自治区等省(自治区、直辖市)援鄂医疗队的定向捐赠,对相关援鄂医疗队成员发放5000元慰问金,累计捐赠金额10170万元,累计覆盖医疗队队员19975人。

疫情期间,武汉前线传来许多让人心酸又骄傲的故事:从抗击非典(非典型肺炎,又称严重急性呼吸综合征)的医生父亲手中接过"接力棒",奔赴武汉抗疫前线的山西省援鄂医生王婷；把鸡蛋捣碎放进稀饭里，鼓励病人多吃几口，让病人流泪作揖的江西省援鄂护士赵琳；还有很多来不及写请战书，给领导发微信"预定名额"的医护人员……

河北省援鄂医疗队护师李岩

河北省援鄂医疗队护师肖思孟

与医护人员的付出和承受的巨大风险相比，5000元的慰问金或许显得微不足道，但美团此举是为了向每一位医护人员致敬，祝福每一位前线"战士"都能平安归来。

武汉"团战"

来源：《南方周末》，作者：贺勋，2020-02-21

> 经此一"疫"，杨静、华浩、李大双、曹新志、胡启等人都明白了一个道理：这是一场"团战"，那些拯救人们于危难中的英雄，也需要被守护。在他们背后的支撑，是美团作为"城市新基础设施"在疫情的特殊时期所展现的社会责任与担当。
>
> "现在青菜很紧缺，基本上顾客抢菜的时候，我们在骑车去店里的路上；等在店里忙得差不多时，菜也基本卖没了。"留守武汉保证蔬菜供应的员工，自己却吃不上一口新鲜蔬菜。

驰援武汉的河北省援鄂医疗队护师李岩有两次刻骨铭心的记忆。

第一次是一款黄色防护服。李岩身高不到1.6米，却分到了L号。她很快感受到濒死般的窒息，心跳急速加快，无法吸入空气。李岩迅速扑向窗口，把防护服"使劲往下抻"，露出了口罩，空气重新进入肺部。李岩再也不敢把过大的防护服掩住口鼻。

第二次是一位出院的女患者。女患者寡言少语，在向李岩表达谢意时，才透露了家庭情况：父母均因感染新冠肺炎去世，爱人也在另一所医院治疗，孩子不得不暂时寄养在别处。

"特别特别感谢你们给了我新生，我一定好好活下去。我不知道我爱人会怎样，但我一定为了孩子，好好活着。"女患者说。李岩听后落下泪来。

李岩支援的是武汉市第七医院，是被指定的发热患者定点诊疗医院。

武汉的新冠肺炎疫情，让人们看到了一线医护人员的努力。在政府之外，大量企业在后方支援，尤其是互联网行业企业，在战"疫"中发挥着越来越重要的作用。

据中国社会科学院钟宏武教授及其研究团队统计，截至2020年2月17日，共有3413家企业为抗疫捐赠100万元以上，累计捐赠276.9亿元，相当于2019年上半年武汉市GDP的3.7%，平均每家企业捐赠约811万元。

基金、物资、资金都是企业传统的捐赠方式。此外，随着移动互联网和本地服务业的兴起，以美团、滴滴等公司为代表的"城市新基础设施"，在"封城"之下的武汉发挥了重要作用。

美团上线免费心理援助服务

美团作为连接线上线下的本地生活服务平台，通过"捐服务"的方式，发挥平台优势，以帮助医护人员为核心，解决医护人员就餐、出行等难题，为医疗机构开通"绿色服务通道"配送食材等；同时，为了保障武汉市民的日常生鲜、生活必需品的购买，美团外卖骑手成为这座城市的"逆行者"。美团买菜业务保障了市民对生鲜食材的需求，免费的心理援助服务也缓解了武汉市民的焦虑……美团的一系列举措，均是从解决武汉当下的"痛点"出发。

除水、电、煤气之外，"本地生活服务"这一"城市新基础设施"的高效运转，离不开其背后数以千计的一线人员，是乐观、勇气、奉献精神以及使命感让他们勇敢"逆行"。

2020年2月11日，武汉的骑手在外卖站点内等待开工（受访者供图）

■ "护医"行动

在武汉，医护人员忙得连难过的时间都没有。

武汉市第七医院第一病区主任付学东对媒体表示，所有医护人员都在夜以继日地工作，一日三餐都随机安排。李岩所在的河北省援鄂医疗队抵达之前，武汉市第七医院的医护人员轮值压力达到峰值。"从排班上就能看出他们有多累。"李岩说。

即便是援鄂医疗队抵达之后，每个护士也要看护 6 ~ 8 个病人，且多为重症病患。"我们既是护士，又是家属，还是护工和保洁员。"面对有腹泻表现的病患，李岩等护士一天要为他们擦洗 5 次。

医护人员每天至少工作 8 小时，而吃饭、休息时间只有 1 个小时，再除去穿脱防护服的时间，所剩无几。"大家可能就利用这段时间到休息室里喝杯水。"李岩说，"都不敢多喝，但一定得喝一口。因为穿着防护服说话基本靠'吼'，很费嗓子。"

和饼干、蛋黄派相比，方便面曾是医护人员唯一的"热餐"。2020 年除夕夜，武汉医护人员吃方便面的画面刺痛了很多国人的心。

看到这一场景，美团外卖紧急联合真功夫、豪客来、香他她煲仔饭、老乡鸡等平台上多个商家，为医护人员免费送餐。仅真功夫汉口火车站一家门店，就日供 1000 份餐食。当时店里留守员工仅有五六位，人均工作量是平时的 4 倍。

免费送餐第一天是大年初三。真功夫门店的副经理杨静从早上 7 点到晚上 7 点，和同事准时做出 1000 人次的餐食，自己却忙得一整天没时间吃饭；晚上回到家后，她泡了一份方便面当晚餐，"绿叶（青菜）好贵，要 13 元一斤。"杨静没舍得买。

比平时更大的出餐量，对货品供应链是巨大的考验。有一次，送菜的货车坏在途中，耽误了两天。杨静和员工们便把自己工作餐的食材省下来，首先保障医护人员的每日餐食。他们只能把过期的青菜炒着吃，"能省一点是一点。"杨静说。

真功夫等美团平台的爱心商家做好餐食后，美团外卖的骑手们会分批运到武汉的10余家定点医院。美团送餐司机华浩每天要向汉阳医院和武昌医院送去200份餐食。医生们见到华浩齐声说"谢谢""有饭吃了"。

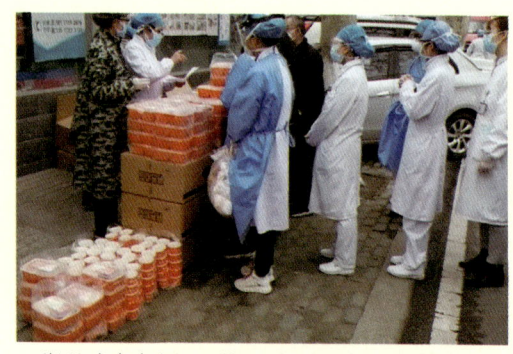

美团把餐食送到后，医护人员在排队取餐（受访者供图）

在非常时期，一些医院不仅缺医疗物资，还面临生活物资的断供。2020年1月30日晚，武汉大学人民医院东院区食堂经理李大双拨打美团"快驴进货"的电话求助："'封城'了，到处买不到食材，医院食堂后厨里的库存仅够吃两天了，能不能赶快帮帮忙？我们这里需要蔬菜、冻品和米面粮油！"

据李大双介绍，该院每天用餐的医护人员和患者有2000人次。随着1月下旬医院收治病人的增加，食材库存迅速告急。

"快驴进货"为医疗机构开通食材配送"绿色通道"（受访者供图）

美团"快驴进货"连夜为该院调度人、货、车，沟通各部门打通障碍。1月31日下午4点，武汉大学人民医院东院区食堂订购的100多件总重达1.7吨的食材货品配送完成。全院的吃饭问题解决了，李大双和美团都松了一口气。

在配送热饭菜的同时，美团还给武汉医护人员免费配送水果和下午茶。配送的外卖骑手曹新志说,他看懂了取餐医生眼神里的感动,因为有泪光闪动。一次送餐后,一群医生给曹新志鞠了一躬,他急坏了,说:"千万别这样,这样子就'打脸'了,你们才是真正辛苦了。"

自1月30日开始,美团联合百果园,每天为武汉市汉阳医院、中医院汉阳分院等10余家重点医院和各地援鄂医疗队,免费赠送超过600份水果。

"在水果的选择中,我们第一想到的是营养、安全、方便和好吃,选择的水果主要有车厘子、砂糖橘、进口香蕉等,既方便医护人员食用,又有营养保障。"百果园三方渠道管理部经理匡士婷说。

曹新志对医护工作强度的理解,源自他用私家车接送护士长上下班时看到的真实状态:"整个人特别憔悴,这是其一;其二,天气这么冷,我看她们衣服都湿透了,满脸是汗,帽子也湿透了。她们面对着死亡,精神高度紧张。"

截至2月21日,美团医护紧急专供餐项目已联合真功夫、探鱼、喜茶、百果园等多家品牌商家,为武汉市定点发热门诊医院以及上海、广东、空军军医大学、河南等支援湖北医疗团,累计送出餐品、茶饮、水果49625份。

全国驰援武汉的医疗队越来越多,而城内公共交通全面停运,医护人员如何便利出行成为新的难题。一般而言,武汉当地医院会安排支援团队入驻附近酒店。以金银潭医院为例,安排入驻的酒店距离医院约2公里,步行需20~30分钟,而使用共享单车是个省时省力的办法。但医护人员发现,外地手机号扫描共享单车无法开锁。

1月29日,有医生在朋友圈发出求助信息。当时武汉金银潭医院周边只有10辆单车,但需求量预计在120辆左右。美团得知后,不到24小时就完成了单车调度,并向多家单位发放了10052张免费月卡;两天后,美团宣布30万辆美团单车在湖北地区免费使用。

"我们虽然不能像医护人员那样在一线救人,但也要做点力所能及的事情。"美团单车的调度师傅胡启是武汉人,除了保证医护人员有车用,还会每天对车把、坐垫、刹车、铃铛、坐垫调节器等全车的每个部位进行彻底消毒。

调度师傅在对单车进行消毒(受访者供图)

美团大数据显示,在武汉"封城"以后,单车用户平均骑行距离为1.7公里,较之前增加60%;平均骑行时长约19分钟,较平时翻倍。这在一定程度上说明,武汉的医护人员和防疫人员正在使用单车进行更长距离的通勤。此外,近来在湖北骑行的外地用户平均占比增长了近一倍,其中,不少为外地援鄂的一线防疫人员。

为了向白衣战士表达敬意,美团公益基金会捐赠2亿元,设立全国医护人员支持关怀专项基金。截至2020年4月28日,美团公益基金会已完成对山西、江西、安徽、江苏等13个省份援鄂医疗队的定向捐赠——向已派出的4299位成员账户逐个发放5000元慰问金,累计捐赠金额10170万元,累计覆盖医疗队队员19975人。

经此一"疫",杨静、华浩、李大双、曹新志、胡启等人都明白了一个道理:这是一场"团战",那些拯救人们于危难中的英雄,也需要被守护。在他们背后的支撑,是美团作为"城市新基础设施"在疫情的特殊时期所展现的社会责任与担当。

■ 满足"刚需"

在这场前所未有的疫情面前,有很多人离开了武汉,也有一个人不顾一切地返回来。

1996年出生的李丰杰本来已经回湖北孝感过春节,但在家看到武汉疫情新闻的他坐立难安:"各地的人都来支援武汉,我觉得这件事跟我有关系,我不应该继续待在家里。"李丰杰是美团外卖武汉一个站点的骑士长,他想回到武汉,与队友一起为武汉人送一份热乎乎的饭。

当时,湖北省通行道路关闭,火车、客车均已停运。李丰杰陪家人过完年,大年初一早上7点,吃过早餐后他就开始徒步向武汉进发,身上只带了手机和一瓶水。从天亮一直走到天黑,他没有停下休息。进入武汉时,设卡的人告诉他"进了武汉就不能出来了"。李丰杰没有犹豫。他最终花了11个小时,步行50公里抵达武汉配送的一线。

新年里,穿梭在武汉的美团骑手们开始接到越来越多"奇怪"的订单。有一单写着:"妈妈做的饭,给爸爸送去,我爸爸是前线医生,谢谢小哥了。"接单的美团骑手老计泪目了,他把这个故事发到微博上,近千人点赞。

买药、买体温计、买口罩、买酒精、买菜……老计接到的用户订单需求都是最紧俏的物资,但他总是尽力满足。武汉的酒精和84消毒液基本都断货。遇到有药店"良心价"限量卖口罩,他就排队买两包;发现少量药店还能买到体温计,老计本来想全买光分给顾客,但一转念,只买了4个……

地方跑得多了,他熟悉武汉各种生活必需品的供应情况,便在微博上实时更新周围药店的口罩、消毒水、药品和蔬菜的情况。他每天在城市里的所见所闻都成了"刚需"——人们需要知道武汉怎样了,在家隔离的武汉人也需要知道外面是什么样。

耿直的老计在微博上用图片记录看到的一切、用文字写下真实故事，有笑有泪、有苦有乐，在他名为@计六一六的微博里，大家看到，武汉不是一座空城，每座房、每扇窗背后都有人。老计的粉丝数很快从40涨到6万。有人给他加油，有人叮嘱他小心，有人给他送口罩，有人留言求助——武汉"封城"第十天，老计收到武汉女孩小青的私信，她怀疑自己感染了，每天以泪洗面，不敢跟父母说，在家自我隔离的她请求老计帮忙买药。老计不仅很快给她送去了药，还把微博网友的温暖留言转发给小青，给她加油鼓劲。

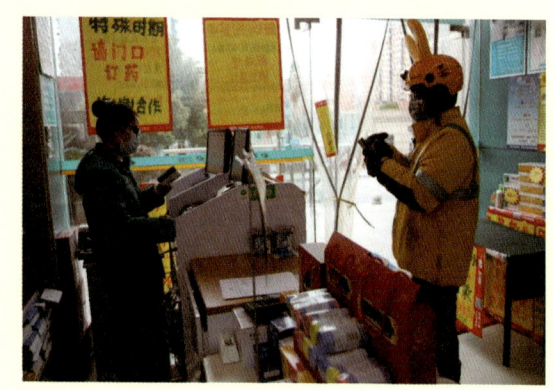

骑手老计在药店内取货（受访者供图）

心理咨询师分析小青的状况源自焦虑和恐慌。这些焦虑和恐慌会带来明显的病理症状，"陡然的心悸、手抖，不能呼吸等比较严重的状态；或者我发烧、嗓子痛，开始担心会不会真的得病，得病了我能否被救治，现在有没有足够的床位，又或者说我要不要去医院等……"心理咨询师唐琼分析并模拟了患者心理，小青的恐慌并不是个例，武汉人正承受着较大的心理压力。

唐琼是"幸福谋方"的全职咨询师，虽然面对面沟通效果更好，但疫情的现实不允许。而互联网的优势在于不受地域限制，能帮助更多有需要的人。2020年1月27日，美团联合幸福谋方、壹点灵、北京怡然心语等多家机构发起的免费在线心理援助行动上线。一大半求助者是应激性的焦虑障碍，主要体现在市民和医护人员的家属身上。

唐琼建议民众试着让生活变得有序、有意义，不把精力过度集中于不确定性。"因为我们对当下最有帮助的，就是把自己的日子过好。"咨询师孔焕云提醒人们，"保持好心态非常重要",因为负面情绪会增大压力、降低人体免疫力。

老计送完单后,笃定地告诉小青:"你会好的,天会好的,武汉也会好的。"林宇的父母不这么认为,他们认为武汉太危险,让儿子赶紧回来。林宇没听父母的,"如果我走了,这些人的生活都没法维持了。"他是"美团买菜"三原中央公园站门店的留守员工,他口中的"这些人"指的是站点附近三四个社区、数万个普通住户。

因为站点主要提供生鲜菜品,很快吸引了社区一大批忠实客户。美团承诺疫情期间不断供,"顾客阿姨"毫不吝啬地向林宇表达感激之情。在武汉,"美团买菜"20多个站点全部有人坚守,哪怕路上各种封堵,也会竭力保证武汉居民吃上蔬菜水果。

由于人手不足,"美团买菜"华中仓储服务中心的徐浩,大年初二就紧急回到武汉。他每天待在仓库里,晚上睡在车里,平时就吃速冻饺子、泡面、八宝粥等方便食品。

"美团买菜"汉口棉花站的刘迪兰也是天天吃速冻饺子、面条。"现在青菜很紧缺,基本上顾客抢菜的时候,我们在骑车去店里的路上;等在店里忙得差不多时,菜也基本卖没了。"留守武汉保证蔬菜供应的员工,自己却吃不上一口新鲜蔬菜。

开门营业之前的门店(图/姜海峰)

■ "城市新基础设施"

每个人的生活都在这段时间经历着巨大变化——就像突然停电后启用备用电源的状态，所有的需求都在以较低限度维持着。这些变化都是暂时的，更多温润而长久的改变发生在细微处：老计能分辨出顾客以前的"谢谢"与如今"谢谢"的区别，前者是顾客本身的修养，后者是发自内心的真实感激和对生活的感恩。

李丰杰以前认为人们瞧不起快递员，现在他发现大家称呼他们为维系城市呼吸的"摆渡人"。

1月21日到2月20日，在全国美团外卖订单的备注里，"武汉"出现了7035次，"医院"出现了60585次，"注意"出现了233494次，"感谢"出现了275847次，"加油"出现了29072次，"辛苦"出现了835412次。

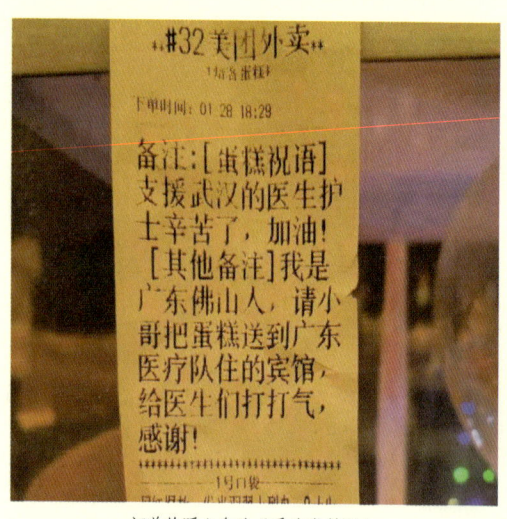

订单的暖心备注（受访者供图）

无数只言片语的感谢，汇成外卖骑手坚守的理由，也给了他们前行的勇气。紧缺的防护物资和消毒用品，让外卖骑手成为帮用户跑10余家药店买物资的"超人"，让他们在定点收治医院卸货时忘记了害怕，让他们成为这个城市不可或缺的人。公司的专业与理性承托住了员工的满腔道义和热血行为。

疫情"风暴"之下，以美团为代表的本地生活服务平台，正在成为具有准公共产品属性的基础设施，有人称之为"城市新基础设施"。它有效地改善了公众生活品质，践行了美团"帮大家吃得更好，生活更好"的使命。

非常态时期，美团通过提供基础民生保障，将业务生态链上的紧密利益相关者拉入新基础设施时代，为本地生活用户奉献不可替代的社会价值。

研究发现，城市社区生活空间质量在很大程度上是由社区服务设施决定的。本地生活服务如果不能做到社会责任先行，终会被城市社区所摒弃。

当他们表现出真心、正义、无畏和同情时，再麻木的人也能够感知，再漫长的冬夜也能熬过。"外卖老哥"老计的总结是：送什么都不重要，外卖小哥的存在是种安慰。

一位"美团买菜"的武汉员工谈及选择时表示："都害怕，我也害怕，但是总要有人往前走一步。"一个人往前是孤胆英雄，一群人一起往前，就是"生活在继续"。

江城春日"摆渡人"

一个外卖员的武汉直播

来源：真实故事计划，作者：张文，2020-02-18

过去26天，外卖员老计忙碌地穿梭在清冷的武汉街头。他赶着去药店和超市，赶着去医院和社区，帮女孩上门喂猫，帮老人排队抢肉，为疫情下的普通人奔波。来去往复，这个曾讨厌武汉的武汉高校毕业生，对这座城市有了牵挂。

故事时间：2020年

故事地点：武汉

一

武汉外卖员老计现在每天都忙忙叨叨的。有让他帮忙买药的、买菜的，有人下单了十几桶方便面，还有人找他上门喂猫；还有个订单，备注里写着："妈妈做的饭，给爸爸送去，爸爸是前线医生，辛苦外卖小哥了。"

他看着想擦眼睛。

老计是武汉的外卖骑手，他叫自己"外卖老哥"。这像是一种自嘲，他今年39岁，同事们不少是年轻伢[①]。老计每天在微博上更新"封城"后的武汉生活，写日常小事，点点滴滴，一下子吸引了很多网友。他笔下的武汉异常冷清，同时也温暖、有生命力。

[①] 伢（yá），方言，本意是小孩儿。

武汉按下了"暂停键",人们的生活陷入困境。在绝大部分人都停工时,老计和其他外卖兄弟,穿着鲜艳的黄色工服,就像"摆渡人",在武汉空荡荡的大街上疾行,从这儿到那儿,继续维持着这座城的运转。

不能出门的武汉人,开始向老计和他的"兄弟们"寻求生活援助。一个女孩去了外地,猫在武汉家里,没人照看,央求老计帮忙。老计去了,看到老猫生了小猫,小猫死了,躺在地上。他处理了小猫,清洗了猫砂,喂了猫粮,关上门走了。那一单姑娘给了他50元。

2月1日,武汉阳光明媚,人们仍旧躲在家里。老计去帮人抓走丢的猫,从1层找到33层,从一栋楼找到另一栋楼,他在微博直播抓猫的过程,可最后还是失败了。

微博上也有不少粉丝私信找到他。有个女孩向他求助,说自己咳嗽了,自我隔离,很是无助和害怕。老计不晓得怎么安慰她,就把她的求助信息发上了微博。全国各地成千上万的网友给女孩发来鼓励和支持。老计截了图,转发给女孩。他还是不知道自己该说什么,于是他出了门,帮女孩买了药,送到了她的小区楼下。

所有任务里,买药是第一位的。有一次他跑了10多家药房,帮一位武汉的母亲寻找体温计和消毒水,实在买不到,最后买了一大包蔬菜安慰她。

老计的订单里,买药是第一位的

武汉街头的酒精和84消毒液基本都断货。遇到有药店"良心价"限量卖口罩,他就排队买两包;发现少量药店还能买到体温计,老计本来想全买光分给顾客,但一转念,就只买了4个……

他在微博上实时更新自己所在地周围药店口罩、酒精、消毒水、药品和蔬菜的情况,告诉大家哪里有货了,哪里买不到。

有一次,他接到一家小超市的订单,让他帮忙买点青菜。老计有些为难,怕不好买。对方一开始误会了,说要再给他发个红包。老计支吾着告诉他,天已经晚了,附近有青菜卖的超市恐怕买不到菜了。好几天,他一大早跟武汉的大爷大妈一块儿在超市抢大白菜,动作慢些,连菜叶子都找不到了。果不其然,他一去沃尔玛,所有带叶子的菜都没了。幸好他知道一家小店,专门卖蔬菜,赶紧去买了些。但老板告诉他,明天起不开业了,因为进不到货。

有一次,老计九点多起床去超市给顾客买肉,一直排到中午才买到。他在微博上写道:"沃尔玛猪肉档好可怕,我不敢去,也抢不过,换了个地方去买猪肉。铁机路一个小区五家人分,不知道能顶几天,珍惜这些肉吧,老哥我'拼了老命'才'杀出重围',中间被各种插队、各种埋怨,还看见一位大爷暴走……"

老计说自己很普通,做的都是很小很小的事,比如帮武汉人买菜、买药、送饭。但有时,他也会遇到自己帮不上忙的事。

老计到巷子里帮顾客找菜

有一次,他看到有个戴口罩的胖嬢嬢①在路边打车,但一直打不到。换做平时,老计肯定要送她,但在这个特殊时期,他只能低着头默默走开。还有一次,一个大叔在路边问他能不能停一下,带带他,但老计忙着帮人买药,还是拒绝了他。

---

① 嬢嬢(niáng niáng),方言,老年妇女的通称。

二

1月20日，老计从新闻上知道新冠肺炎人传人，他想是不是又要经历一次非典了。

2003年非典暴发时，老计在武汉读大学，感受不到什么危险，没人害怕，也没人防护。他只记得，有两个同学从广州回到武汉，被隔离在学校宾馆。老计和其他同学还偷偷给他们送烟。他们住在楼上，老计他们就用东西包着烟，从楼下往楼上的窗户里扔。隔离结束了，学校还安排女生给他们送了花。

1月21日一早，老计赶紧买了口罩戴上。那一天，他送了很多订单，都是帮忙买口罩。

1月23日凌晨两点，老计躺在床上"刷"手机，看到武汉"封城"的消息，一下子跳了起来。一个千万级人口的大城市，竟然要"封"了。开始他没觉得事情有多严重。除夕那天，老计休息，起床后他把自己收拾得干干净净，带上眼药水，备足烟，去网吧。这是他平时的主要娱乐活动，每周有一天，在网吧玩射击游戏，一待就是一整天。但那天快走到时，他才想起来网吧关了，附近的商场也关了。

当天中午，他下楼去便利店买粥，没戴口罩，便利店老板和顾客都说他，然后老板还强塞给他一个棉口罩。下午，他去超市买菜，发现所有人都戴了口罩，货架上的蔬菜也快卖空了。老计爱吃肉，他买了平时舍不得买的半价三文鱼，又买了块卤猪肉，回家后切了，再煮些饺子，一个人吃起年夜饭来。

老计没想到要离开武汉，他想，"封城"后交通停运，人们也出不来，说不定叫外卖的人会更多。

晚上"刷"手机，他看到前线医护人员大年夜没饭吃，只能吃泡面。老计的脸"烧得红"，心想：明天开工，可能的话，多跑几趟医院的订单，让医生们吃上热饭。

没想到，第二天一开工，第一单就送去了武汉大学中南医院；第二单，他又接到去武昌医院的订单。当时大部分外卖骑手其实都不太愿意去医院，怕感染。老计也怕，但他身上有一股荆楚人惯有的"匪气"。"人更多怕的不是那个东西，怕的是未知。"他把在医院的见闻发在微博上，告诉网友这两家医院已经超负荷运转很多天了，医生们很不容易。

有一次，老计看到一个去医院的订单一直没人接，他就接了。接单后，对方特意打来电话感谢他。到了医院外，老计打电话通知对方。在武昌医院东区门口，那人站在门里，离门10多米远，而老计站在门外。那人指着两人中间一块空地说，你把餐放那里吧。老计把餐拿出来、放过去，然后退回来。那人直到老计回到原处才走过去取了餐。老计知道，对方是想跟他"保持距离"。

老计后来又送过很多医院的订单，都守着一个铁规则：什么东西都不要碰，离任何人都远远的。老计送订单，口罩戴得特严实。他时刻留神，送餐走楼梯，按电梯用车钥匙……

三

"封城"后，武汉像个空城。

外卖订单并没有变多。

过去，武汉喧闹得很，车啊人啊，路上常常堵得水泄不通，老计这样的外卖骑手，一天总是连轴转。现在，武汉的路上冷冷清清的，顶多有些医用车辆和物资运输的车辆。过去40分钟才能送到的单，老计现在10分钟就送到了。"封城"后，车少了，餐馆少了，下订单的人也少了。人们只能躲在家里，自己做饭吃。

老计照常给武汉的普通人送餐。他像个独行侠一样，在城市里穿梭，遇到的一切景观似乎都和他一样——孤独。

每天用自己的手机记录他眼中的武汉。"封城"第五天，他在微博上写道："干干干净净的大街和商场,疫情中心的武汉,春节的武汉,雨中的武汉,很安静。"

晚上9点的徐东大街,只有他一个人、一辆车。他骑车通过往常武汉春节期间最热闹的楚河汉街,现在却只有他一个人,大戏台好像寂寞了许久……

过去,老计天天在过江隧道旁等订单,现在隧道封闭了,对面的汉口也过不去;以前,他每天骑着车,风驰电掣,总觉得武昌和汉口很近,现在却感觉非常远。路中间停着一辆电动车,车头倔强地朝着汉口的方向,一动不动,和他一样孤单。

他路过武汉理工大学,看到十四栋女生宿舍还亮着很多灯,晾着很多衣服。老计猜,这也许是春节期间留校的女生。他又想起夏天送订单时,帮过两个换寝室的女生搬东西。她们说假期要留在武汉打工,不知道她们春节回家了没有。

在路上偶尔遇到一两个人,老计就觉得开心。有一天,他碰到两个人出来找饭吃,老计指给他们现在还能吃饭的地方。还有一次,老计坐在路边晒太阳,看到两个流浪汉和一只流浪狗也坐在路边,他们都没戴口罩,老计就从自己的"存货"里匀出了4个口罩给他们。

这些"冷清"的时刻经常让老计觉得不真实,仿佛在做一场无法醒来的梦。

有一次,老计送订单经过武昌医院,看到一辆救护车停在医院门口,一位穿防护服的医护人员正在对担架上的人做胸部按压,但离得有点远,他听不清周围的人在说什么;还有一次,他看到医院门口坐着的阿姨忽然倒向一边,一位医护人员和另一个人赶来扶住她,抱起她往医院里跑去……

"封城"后的武汉

虽然一切都很平静,但老计觉得好像有一座山正在向他压来。他转个身,离开……

四

老计本来以为自己不喜欢武汉。

老计是湖北十堰人，在武汉读过四年大学，一直对武汉没什么"好印象"。在他的印象中，武汉永远像个建设中的大工地，空气灰蒙蒙的，路上坑坑洼洼的。武汉的公交车开得飞快，而老计晕车，每次坐车都会晕得一塌糊涂；武汉的热干面放的是辣萝卜，不是"大头菜"；出租车司机脾气也火爆，一言不合就"汉骂"……

大学一毕业，老计就离开了武汉。他先回了十堰，又去深圳待了几年，然后又去广州，还在重庆住了七八年，一番折腾后，他又回到了武汉。

这些年，他当过服务员，从事过广告行业，被骗过，创业也失败了，欠了一大笔债。2019年7月，老计想改变状态，决定回武汉送外卖，他的亲朋好友都在这里。也不知何时起，他开始热切地想念武汉的热干面和面窝。

当老计成了一名外卖骑手，重新在武汉生活后，便和这个城市产生了新的连接。

夏天他爬7层楼送订单，累得满头大汗，楼下择豇豆的阿姨喊他去喝杯凉开水休息一下；雨夜加上路又不熟，耽误了送订单，但小姐姐说没关系，还抓了一把枣子给他吃；还有一次，车子抛锚了，他又急着送单，拎着袋子在路上正无计可施时，一辆出租车停下来，司机师傅让他上车，而且没有收钱。

他从小喜欢看书，科幻、武侠、历史……都喜欢；上学时，他作文写得也好，几乎篇篇都会被老师当范文读。

武汉"封了城"，老计想，自己得记录点什么。于是老计开了微博，记录在这个城市送外卖的生活点滴，不管好的孬的，想起来就记上一笔。

他写微博挺"勤快"，在他笔下，武汉冷冷清清，门关了、店闭了，但温度依然未降，常有人下订单，打来电话麻烦他给医生"送份海鲜饭""买点果子"……

他骑车路过武汉最繁忙的路口,看见某个集团援助武汉的物资运输车占满了整个路口,两位交警在路口执勤,提醒他戴好口罩。还有一次,他去送药,后轮胎没气了,有其他外卖平台的骑手路过,听说他要送药,没多说什么就把车借给他了。

有一天夜里,他的电动车坏了,推行了3公里多,快到小区时,他停下来抽了根烟,突然听到楼上很多人一起喊:"武汉加油。"听完,他没忍住,眼眶湿了。他上微博记了这一笔,不想承认哭了,就写道:"烟熏了眼睛!"

老计觉得,武汉没有超级英雄,更多的是挺身而出的那些普普通通、默默无闻的人。有一天,他在药店排队买口罩,看到三位穿防护服的哥们儿在吃面,他在心里暗暗祈愿他们平安。他看到一群美团外卖骑手给前线的医护送餐,很羡慕,心想:"天下骑手是一家,兄弟们真棒!"一个黄陂的骑手兄弟去雷神山干活了,之前他们吵过架,好久不说话了,但现在老计希望他加油,希望他平安。

老计说,武汉现在是"外人"眼中的空城,但在每一个房间里,都是一个个活生生的生命,都在等着武汉一天天变好。有时他也想,现在街上流动的那些"黄色"骑手,送什么都不重要,外卖小哥的存在就是一种安慰,因为他们在证明"武汉不是座空城"!

有一阵子,武汉连下了好几天雨,雨停后,天湛蓝,他骑着车在太阳底下绕啊绕啊,发现了一家可以过早①的店,有热干面吃。老计"钻"进去,吃了一大碗。回头就在微博上写道:"武汉人只要能吃上热干面,那就都不是事儿!"

老计看到一位大妈坐在轮椅上晒太阳,虽然她年龄很大,头发全白,但声音洪亮,大声喊着:"没事多晒太阳,身体更健康,多活动活动啊。"

武汉人身上有股"江湖气",喜欢"骂"人,"骂"完似乎全身就通畅了。在老计眼中,街巷中的"汉骂"有着强大的生命力。

老计在等待街市恢复喧闹,等待武汉人叉着腰,到太阳底下"吵大架"。

---

① 过早,方言,意为吃早餐。

"因为我是武汉人"

疫情笼罩下的武汉,一群素不相识的人组成了一支"强大的队伍"。他们坚信武汉一定会好起来,并且用自己的力量守护着这座美丽的城市。

"封城"后,马智勇以志愿者的身份加入武汉医护专供餐行动。他说:"以前那么难都能过去,这一次肯定也能挺过去。" ▶

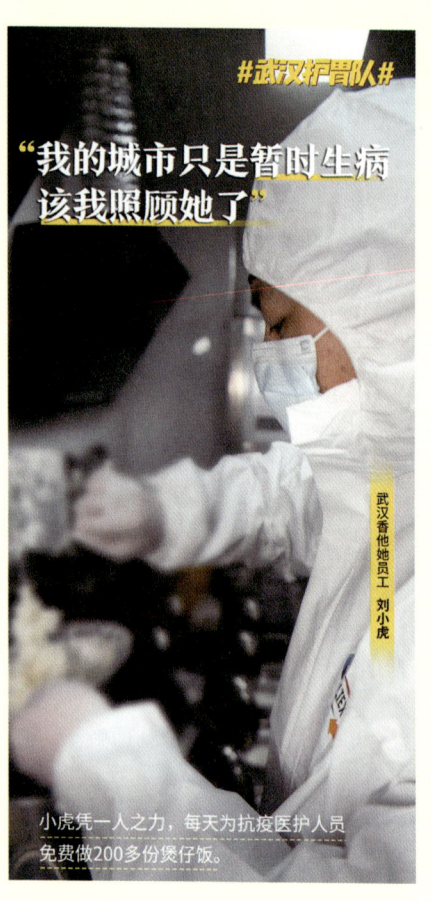

◂ 大年初一,店里已经放假,但听说武汉医院缺餐食后,刘小虎主动请战,又当厨师又当搬运工,15个煲仔炉连轴转,每天从早上6点忙到第二天凌晨一两点,硬是做出了200多份质优味美的餐品。

美团"快驴进货"的华浩以司机身份加入给医护人员送餐的队伍，工作时间从晚上改为白天，不为赚钱，只为帮助别人。他希望14天以后，武汉的情况能够好转。▶

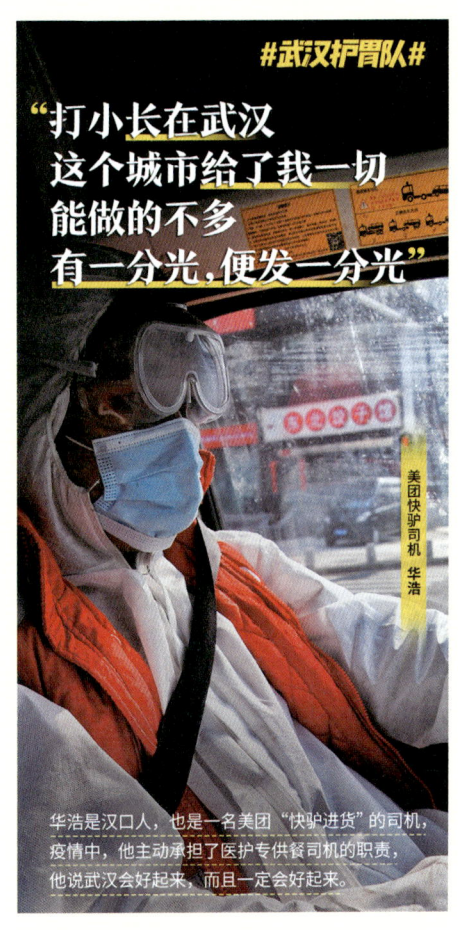

华浩是汉口人，也是一名美团"快驴进货"的司机，疫情中，他主动承担了医护专供餐司机的职责，他说武汉会好起来，而且一定会好起来。

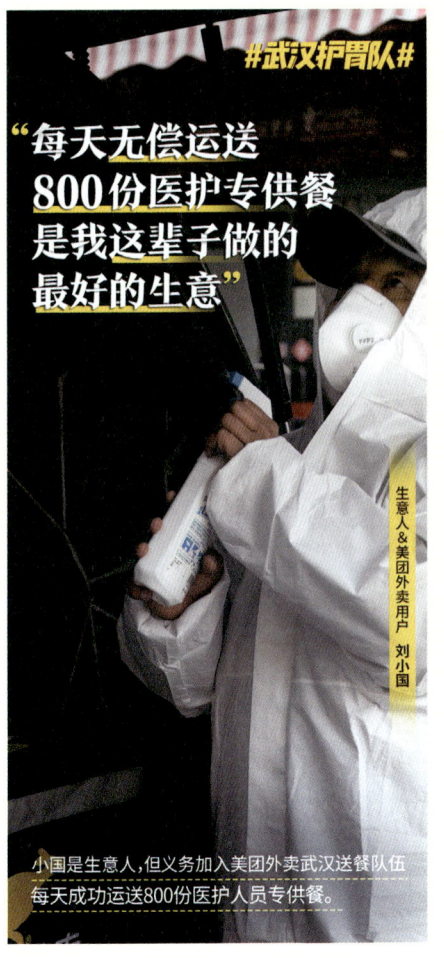

小国是生意人，但义务加入美团外卖武汉送餐队伍每天成功运送800份医护人员专供餐。

◀ 大年初一，本来打算去外地走亲戚的刘小国，加入了美团医护专供餐的送餐队伍。他每天送两次，每次三四百份。面对家里人的担心，他在电话里说："医护人员战斗在一线，他们在里面都能够守住，我为什么不行呢？"

大年初三,疫区封路,李丰杰从孝感出发,徒步50公里赶赴武汉支援。"我花了11个小时步行50公里到武汉支援,累是挺累,但我觉得前面有灯,心里有光。"

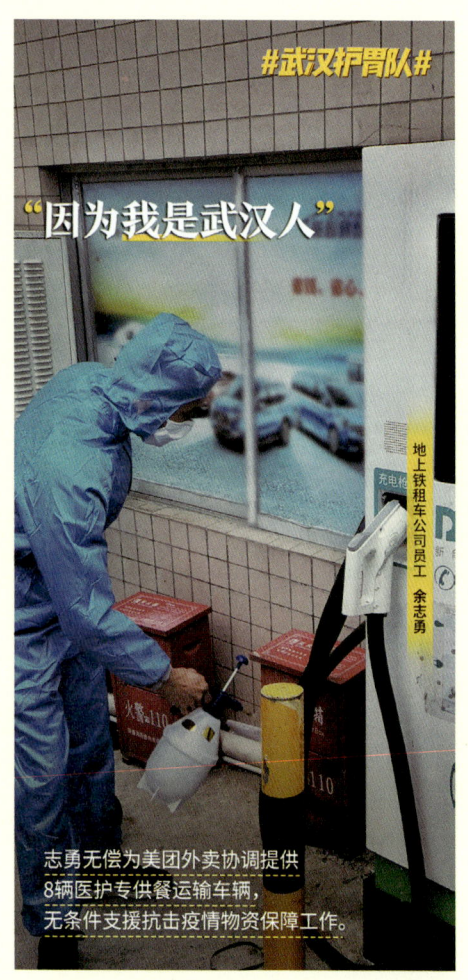

▲ 地上铁公司无偿为美团外卖协调提供8辆医护专供餐运输车辆,无条件支援抗击疫情物资保障工作。员工余志勇说:"因为我是武汉人。"

待到山花烂漫时

活法 | 两次遭遇现金断流，创始人自述：我们这样拿到贷款

来源：《中国企业家》杂志，作者：张弘，2020-02-29

"我甚至想把房子抵押给银行，公司每月亏损都在1000万元以上，这给现金流带来了很大挑战。"2020年2月27日，在接受《中国企业家》记者专访时，陈宁这样感叹。他创办的乐凯撒比萨因为疫情进入了最难熬的"冬天"。

2009年，乐凯撒比萨创办于深圳，到了2015年发展到12家门店，同年5月红杉资本的6000万元注资大大加速了发展。目前全直营门店已扩张至140家，主要分布在上海、广州、深圳。

对于处于高速扩张阶段的乐凯撒比萨而言，新冠肺炎疫情的暴发无疑给它踩了一脚"急刹车"。

"目前乐凯撒只有74%的门店恢复营业，总销售额降低50%~60%，其中堂食降低85%，业务主要靠外卖维持。但外卖的订单利润很低，销售额降低50%~60%，订单利润会降低70%~80%。这种情况在3个月内很难明显改善，预计每个月亏损1000万元左右。"陈宁说。

最重要的是要找到"续命"的资金。2018年，乐凯撒比萨就曾遭遇现金断流

的困境，贷款四处碰壁之后，靠好友援助才解了燃眉之急。陈宁对保护现金流有了深刻的认识。

2月14日，他在微博上写下这样一段话："在关键时刻给企业救命的，只有创始人手里的'砖头'，不动产=Real estate= 真正的资产，坚定买入北上广深核心地点、核心资源的'砖头'。有了'砖头'才有抵押物，银行才会给你钱。"

那么，乐凯撒比萨的"砖头"是什么？陈宁的答案是交易数据。

2月17日，乐凯撒比萨正式向美团提交贷款申请；美团依托平台上的商户交易量、点评数据积累以及行业模型和风险模型预判，和光大银行合作完成了对乐凯撒比萨的授信审批。

最终光大银行和美团仅用了三天时间，就给了乐凯撒比萨4000万元的综合授信，首笔1000万元已经到账。曾是IT工程师的陈宁也加强了企业的数字化转型，以便更好地应对接下来的挑战。

■ 交易数据成了可以抵押的"砖头"[①]

武汉"封城"当天，我还在宁夏老家。当时，我立刻召集同事开始评估可能造成的业绩影响，让财务同事做了现金流测算，根据餐饮门店的正常成本结构计算，房租占比为15%～20%，人工成本大约占25%，食材成本大约占35%。

测算的结果是账上的资金只能维持公司两个半月的生存，预计到2020年4月，公司现金流可能为负，上半年可能会有5000万元的亏损。

看到这个结果，我们团队赶紧定下两件事：一是保护好一线伙伴，安排好防疫物资给员工，不给社会添乱；二是保护好公司，全力自救，不让现金断流。

[①] 本文为陈宁接受《中国企业家》杂志专访时的自述，有删减。

大年初一一大早，我返回深圳；大年初二一大早回到办公室，我召开了经营团队会议。基于当时疫情形势不明朗，我们定了一个应急策略——公司马上进入"冬眠"状态，极限生存，观察疫情发展再决定下一步如何调整。除了必须上班的门店伙伴以及食品安全团队之外，其他职能暂时进入"冬眠"休假状态，减少损耗。

受疫情影响，春节期间，乐凯撒比萨有接近25%的门店闭店，但仍有100多家门店处于营业状态。由于堂食基本停摆，业务主要靠外卖，公司整体营业额下降60%。

我们研判，未来3个月，整个餐饮业的基本点都将是安全，而线上外卖可能是我们活命的唯一机会。

围绕外卖和安全，我们最终决定：一是快速优化外卖；二是强化可感知的安全。我们一直主打的独立封装的"一人食"在这时候特别匹配客户需求，开工后，企业集体订餐会成为主流。我们需要快速优化"一人食"团餐，而这和之前人均50～80元的基础场景有很大不同，需要研究新场景、匹配新需求，最终我们推出了29元、35元和49元的团餐套餐；同时，为了优化订餐流程，IT团队快速响应，基于微信小程序迅速开发了团餐入口。

其实，早在2018年9月，公司就曾遭遇过现金断流的"至暗时刻"。彼时，经过两年120%开店的"狂奔"，又遇到榴梿囤货季（需要在榴梿产季提前采购下一个产季的所有榴梿用量），当时公司遇到了一个两难选择——坚持囤货，现金流马上断；不囤货，榴梿过季价格翻倍，没利润了现金流也会断。

往年囤货时都有供应链金融支持，2018年，榴梿价格翻倍，金融机构又在"去杠杆"，没有机构愿意一起囤货。我和团队开始四处找钱，找银行遇挫，向投资人求助也未果。最终我的几位好友伸出援手，加上通过担保公司向银行抵押房产，在持续半年的时间里，累计筹资8000万元，才熬过了那次危机。

经过这次现金断流危机，2019年伊始，我们主动快速地关掉了16家门店。这是创业10年来的第一次大规模关店。我们认为主动优化门店，可以保障现金流。

在优化老店的基础上，2019年我们开始谨慎开新店，聚焦"根据地"市场，不冒进，全年新开门店仅8家，截至年底，公司营业门店总数为140家。快速关店和谨慎开店的结果如我们所希望的一样，集团利润比2018年增长了6000多万元。

经历了2018年底的现金流危机以及2019年的调整，这次疫情突然压过来，我倒没有特别紧张，毕竟已经调整了一年，公司经营更加稳健，财务基本面健康，现金流风险点也在4月才出现。我想着大不了抵押房子给银行，总之，疫情不大可能导致公司出现现金断流。

云海肴的董事长赵晗告诉我说，他正在和美团谈合作，进展很快。那时候美团刚发布七大商户扶持政策不久，提供不少于100亿元的优惠利率贷款。我也是后来才了解到，以前，美团生意贷业务的目标客群是小微商家，这次针对大型连锁商户放贷是一次突破。2月4日，云海肴拿到了美团联合银行提供的1000万元贷款授信。

2月17日，美团华南区的KA（Key Account，重点客户或大客户）负责人冯潮给我打来了电话，问我是否需要帮助。我赶紧安排同事对接，提交材料。

以往申请银行贷款必须有可以抵押的"砖头"，这次，我们在美团平台上的交易数据，就成了可以抵押的"砖头"。

在美团帮助下，仅用了三天时间，光大银行和美团就给了我们4000万元的综合授信，首笔1000万元已经到账，利率仅为4.35%。目前，我们累计拿到了过亿元的银行授信，"过冬"的"粮食"有了。在这次危机中，我们也吸取经验，准备了加速发展的"粮食"。

■ 抓住正在发生的三波红利

我预判，冰冻之后有霜冻，下雪不冷化雪冷。目前，行业仍处于"冰冻期"，之后可能是"霜冻期"。

如果 3 月初开工，疫情过后，即使会出现所谓的"报复性反弹"，但由于双周末可能变单周末，加上今年暑假可能会减少。要知道餐饮在周末和节假日的销售额是平日的两三倍，暑假又是全年销售最旺的季节，全年业绩也会因各种变量而受到很大影响。

本来，我们年度计划预计今年门店现金流利润为 1.7 亿元，如今可能要调整成努力争取全年不亏损。

积极来看，这次疫情带来了惨烈的大出清，疫情过后，优秀企业会得到更好的发展。经过了 2018 年的"至暗时刻"，我们团队更适应"冬天"，但我们也怕"夏天"的市场过热。"冬天"的行业大洗牌会给我们更好的点位、更低的租金、更长的租期、更强的采购议价能力、更有竞争力的人才。只要我们把"顾客第一"当成信仰，我们就可以成为伟大的企业，因为伟大的企业都是"冬天的孩子""时间的玫瑰"。

对于乐凯撒比萨而言，这次危机也坚定了公司数字化转型的信心，最近我们团队也在思考持续加码数字化。早在 3 年前，我们就成立了专注餐饮数字化的全资子公司乐家云计算。在我们团队理解的数字化路径中，首先是信息化，先让所有数据和流程在线；其次是数字化，成立了数据中台；最后是智能化，销售额智能预估，智能排班，智能配货。

过去 3 年，我们在集团数字化上累计投入资金接近 4000 万元，经过这些数字化的努力，线上线下的结合也成为我们面对这次疫情的竞争力。堂食虽然下滑 90%，但在营业门店的线上业务增长了 160% 左右；虽然只有 75% 的门店营业，但整体销售额也仅下滑 60% 左右，相较于同行业很多企业 90% 甚至 100% 的下滑，3年来持续的数字化积累让我们捡回了"半条命"。

疫情期间，我们除了正常绩效考核淘汰，决不因为疫情裁员；同时，我们正在加紧管培生的招募，今年的开店计划预计会翻倍。

这次疫情给我们团队的另一个启发是，重视用户资产，基于企业微信，发力Social-CRM（社会化客户关系管理），在会员运营和私域流量上发力，构建数字化生态。

我创业于移动互联网时代，也遇到了时代红利，以我外行不专业的理解，目前已发生和正在发生的有三波红利。

首先是微信公众号，不管是官方服务号还是KOL（关键意见领袖），都可以让我们快速吃到网红的"头啖汤"，迅速从小店崛起成大店，后起的喜茶、奈雪的茶、乐乐茶、太二酸菜鱼也吃到了这波红利。

其次是通过微信小程序，构建数字化生态的入口，而且根植于微信生态，打通公众号和个人微信号。

最后是这次企业微信打通了个人微信，让基于微信的社交电商，基于社交的CRM（客户关系管理）成为可能，赋能企业打造私域流量。

如果说第一波是术，是"练剑招"，容易学，很快大家都在用公众号投放；第二波是数字化能力，是"练内力"，大点的企业和敢于"孤注一掷"的企业才能抓到，这里面已经筛掉很多小规模商户；第三波则是"建教派"，成为"武林高手"要有粉丝，不管是"星宿老仙"还是"五岳剑派"。

疫情让本该延后的事情提前发生了，比如构建数字化生态。

马云写给湖畔大学学员的三点建议中有一点说，使用互联网技术的实体经济肯定生存能力更强，生存率更高。

2018年中，我去拜访王兴，他用了两小时给我讲数字化转型，建议我大力度强化外卖，加大数字化和线上运营，变成数字化内核的比萨连锁。当时乐凯撒比萨堂食占比90%，外卖只占10%。经过两年努力，我们的线上业务占比已接近40%。

前段时间，有朋友在电视新闻上看到我的采访，发微信问我："怎么一场疫情下来，给你整了这么多白头发呢？"我照镜子看，还真是。

我缓解压力的方法是写字，现在每天都在线上开钉钉、腾讯会议讨论业务。一般我就开着手机，边听边在毛边纸或宣纸上写毛笔字，每天都会写三四个小时，最近常写的字是"熬"、"捱"、"憋"和"春暖花开"。

一位餐饮老板的自救战"疫":从日亏百万元到逆风翻盘

来源:ins生活,2020-03-13

在知乎上看到一个问题:疫情结束后,你最想做的一件事情是什么?

一个高赞①回答是这样说的:我要吃遍祖国的全部美食。

春节期间,由于疫情,人们用食物满足味蕾的欲望被压抑,与此同时,餐饮业的商户也十分难过,在"最黄金"的时段,骤然跌入"冰点"。

时代的一粒灰,落在个人头上,就是一座山。

这场疫情带给餐饮业的损失无法预估,看似是一场无解的危机,但仍有人在这场混沌中咬牙挺着、砥砺前行,并费尽心思进行转型,寻求新的机遇。

一

"下雪的时候不冷,化雪的时候更冷。"赵晗在接受采访时发出了这般感慨。

赵晗在2009年创立云南菜连锁品牌"云海肴",如今创业刚刚走过10个年头,已经拥有150家直营店,销售额突破10亿元,是全国云南菜连锁品牌的领跑者。

他原计划今年将在线下继续开设20家门店,并且会以新加坡为据点,逐步拓展在东南亚的版图。

可是这场疫情打乱了所有的计划,让他深刻体会到"冷"这个字眼。

云海肴的创始人兼董事长赵晗

---

① 高赞:在知乎上获得了很多其他用户的点赞。

2020年1月15日，赵晗去过一次武汉，虽然已经听闻疫情的相关消息，但局势尚不严重，看起来似乎一切都很正常，可他还是不禁联想起17年前的那场非典，隐隐约约觉得会不会再来一次。

非典时期，赵晗还在读书，他向亲历过非典的餐饮业前辈咨询，得知最严重的时候，行业营收损失普遍在五成左右，除了几个疫情较为严重的城市，其他地区餐饮业经营还算正常。但这次新冠肺炎的冲击之大远超当年，行业营收普遍下降了九成。

1月20日，随着钟南山院士发布新冠肺炎可以人传人的关键信息，一时间"风云突变"。

云海肴在武汉的四家门店营业额遭遇断崖式下滑，跌至平日的两成，到了23日"封城"那天，这个数字已经降至平日的一成以下，陷入停摆状态。

整个餐饮行业都被这场突如其来的疫情按下了"暂停键"。

"事发突然，人的反应是一个剧烈的阵痛，但这其实是没太多感觉的，第一反应是怎么先自救。"赵晗回忆道。

赵晗算了一笔账，包括房租、供货商货款、员工薪水在内，每个月固定支出就要将近5000万元。在营收停滞、复工前景不明的情况下，用他的话来说，仿佛是一场"小行星撞地球"。

云海肴门店外景

对于云海肴这种注重线下用餐体验的餐厅，由于人们不能出门消费，根本运转不了，更何况，即便疫情能够得到有效控制，餐饮业短时间内也不可能迅速恢复，损失只可能无限放大。

"创业的时候，属于无知者无畏的时候，那时也会觉得一开始有困难是正常的，一开始都是要交学费的时候,但今年真的是很难。"赵晗如是说道。

二

创业 10 年,公司的发展比较顺利,赵晗把赚的钱又都投入新开的餐厅里面,因此他没有任何积蓄和资产。

云海肴门店内景

疫情暴发后,赵晗迅速作出判断,对于云海肴来说,想要熬过这段最困难的时期,最重要的是找到"续命"的资金。

这不是赵晗第一次遇到现金流的压力,每年的七八月是野生菌收获的季节,是云海肴一年中资金最紧张的时刻,需要筹措大量现金找云南当地农户进行采购。

以往他会找传统银行短期贷款,利息相对较低,但对于云海肴这种没有资产、没有抵押物的商户来说,银行给的信贷额度有限,且审批周期较为漫长。

2月3日晚,他接到了美团副总裁杨锦方的电话,对方介绍说美团刚刚发布了商户帮扶政策,为本地生活商户提供优惠利率的贷款。以前美团生意贷业务的目标客群是小微商家,疫情期间美团生意贷特别针对连锁商户做了一次业务突破,云海肴也可以申请。

赵晗立马安排同事对接并提交材料。让他没想到的是,2月4日,云海肴就拿到了美团联合江苏银行提供的 1000 万元信用贷款授信,成为美团首批落地商户扶持贷款的商户之一。

谈及这次与美团堪称"神速"的贷款经历，赵晗感慨："云海肴是美团10年的老商户，2010年3月，我们的第一家店在美团上线了一个大酥牛肉套餐，我现在还记得是58元，那时候美团刚刚成立不久，云海肴是美团合作的第一个中餐商户。"

10年间，云海肴一直在美团做团购和外卖等线上业务，可能正是这些经营过程中自然沉淀的数据，降低了银行风控的门槛。

有了这救急的1000万元，赵晗终于能在这种危急情况下慢慢缓一口气，同时开始准备"绝地求生"。

三

在得到美团助力后，赵晗稳住了阵脚，迅速展开积极的自救。

当务之急是解决大量食材的积压问题。

赵晗决定，以云海肴门店作为中心建立社群站，开展便民菜站活动，以成本价向社区居民出售新鲜食材，并通过社区团购送货上门。

这样一来，不仅可以有效解决食材积压甚至浪费的问题，也可以让周边居民买到新鲜的蔬菜，可谓一举两得。

食材的积压问题解决了，接下来要着手安置因疫情无法复工、待岗在家的员工。

对于暂时不能复工的员工，赵晗安排他们到美团买菜上班，参与到各地的工作中。

对于那些能够复工的店铺，赵晗和美团合作，让云海肴成为首批"无接触餐厅"，以尽可能地满足疫情期间消费者的餐饮需求。

在云海肴"无接触餐厅"示范店中，承担运送菜品职责的是美团与擎朗科技合作落地的"送餐机器人"，机器人按照指定路线将菜品由后厨运送到指定位置，避免人与人接触。

门店将点餐二维码张贴至餐厅门外或大堂区域，消费者通过手机扫码下单，食物制作完成后会统一放至固定的取餐区域。

送餐的骑手也要严格按照"无接触配送"送餐，门店设立骑手专区，将外卖骑手与顾客分流。

进货环节同样十分严格，所有的工具都要消毒，在固定地点卸货、取货，全过程对工作人员的体温进行检测，保证食材安全。

每一项措施，虽然看起来简单，但都体现了赵晗在此次疫情中快速应变的能力。

只有这两个举措还远远不够，这次疫情，让赵晗意识到转型迫在眉睫。

现在，很多餐饮品牌都在想尽一切办法挽回损失，加速线上化是首选。

云海肴门店内景

在他看来，最有可能从这个趋势里获得较大发展空间的，会是看起来"受伤"严重的"头部"餐饮企业。

一是它们通过补足线上能力来自救的动力更足，二是相较于小企业，它们有更强的品牌号召力、更大的门店网络、更好的供应链能力，因而更有可能通过补强线上业务，运营"私域流量"，直达消费者。

一旦能够直达消费者,建立自己的体系之后,就有可能变成餐饮业中的"小米"。

何为餐饮业中的"小米"？就是既是产品,也是品牌,直达用户,过半的销量由自有渠道完成,而且既卖自有产品,也卖别人的产品。

餐饮行业从未有过这样的企业,于是赵晗加大运营线上业务的力度,旗下小程序"舔鼻尖货栈"现在主要售卖云南黑乌鸡、文山三七花茶、各类野生菌,等等。

云海肴还通过借势目前大热的直播行业,发力新品类"预制菜"。

所谓的预制菜,顾名思义就是不需要繁杂的程序,只要简单加工就能吃上的菜。

云海肴门店一角

如果人们近期在家做菜所获得的幸福感和价值感能延续下去,而想要做饭但又忙碌的年轻人需要找到能够平衡味道、时间、效率的解决方案,那么这就是预制菜的机会。

为此,他频繁前往云南,和一些上游的合作厂商沟通,定制预制菜和准备半成品。

与此同时,云海肴大厨的直播业务也在有条不紊地进行中。

在直播中,厨师一边讲解食材,一边演示做菜的过程,观众既能学着做喜欢的特色菜,又能直接购买到预制菜。

这样既能取得营收,对品牌的宣传也极具价值。在赵晗的规划中,云海肴准备打造一个餐饮业的"李佳琦"。

他预计,未来餐饮企业的线上能力普遍获得提升,多渠道经营能力、直达消费者的能力会明显加快。

过去云海肴更注重线下用餐体验，现在要转型成一家不管在任何场景都能提供云南美食的企业，用不同云南美食的产品满足不同的场景。

积极应对，寻求新出路，即便是被迫转型，也将原本固化的资源进行调整。

传统餐饮的自救措施通常是开源节流等固化的方式，而云海肴则放眼未来，在线上发力。

云海肴门店厨房

毕竟，长远发展的公司应该是不分线上线下的，是一体的，线上线下整合在一起，去做一个品牌。

云海肴就是如此。

四

如今，全国各地逐渐迎来复工热潮，据美团大数据不完全统计，3月以来，全国餐饮商户复工率已超过55%，消费回暖势头也进入加速期。

赵晗也透露，随着国家近期发布的政策落实，餐饮行业目前有了一点点上升的趋势。

只是，如今行业平均营收只恢复到两成，就赵晗来说，他月入2000万元，支出2000万元，基本盈亏平衡，显然是远远不够的。

疫情带来的创伤何时能够恢复，目前看来遥遥无期，但房租、供应商货款、员工工资等问题接踵而至。

在很多人眼里，餐饮是暴利行业，实际上 2015 年之前确实如此。

2015 年是一个"分水岭"，由于商业供给过剩、电商兴起等，餐饮行业过了红利期，开始出现明显的下滑。

餐饮行业原本预计未来 3～5 年会迎来一场"大洗牌"，结果疫情来了之后，三五个月就能完成。

赵晗感慨：这次疫情把线下企业也都扫到线上去了。

在他看来，最难的时候才刚刚开始。

过去的一段时间，对他来说不过是按下了"暂停键"，现在"重启"，才是更难的过程。

关于未来，赵晗也没有十足的把握，好在从目前的情况来看，形势虽艰难，但不会变得更差了。

我们能做的，就是稳住心态，不必怅然若失，也不要盲目自大，做好自己该做的那部分，剩下的交给天意。

就像赵晗说的那般："世界不好，我们也好不了，是命运共同体。这个情况，就要做好长期艰苦奋斗的准备，大家做好最坏的打算，期待最好的结果。"

没有一个冬天不会过去，自然也没有一个春天不会到来。请相信，不论是赵晗还是我们，都在逆风翻盘。

等到春暖花开的那一天，一切就将回到正轨，我们也会笑到最后。

万万没想到，餐饮复工率第 1 的城市，竟是它

来源：智谷趋势，作者：春风，2020-03-12

美团大数据显示，截至 3 月 12 日 0 时，在全国 36 个重点城市（省会城市及 5 个计划单列市）中，宁波市以餐饮商户复工率 71.1%，排名第 1。

餐饮业作为生活服务业中与人民群众的日常生活关系最密切的行业，其业态组成呈现"规模小、数量多、分布散"的特点，以"中小微个"企业为主。

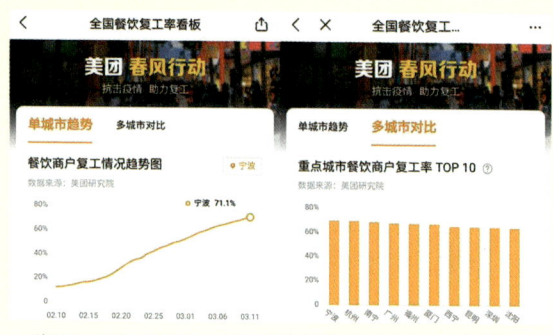

美团App搜索"复工"，即可查看全国餐饮商户复工大数据看板

见微知著。餐饮业复工率高，反映了宁波市疫情防控形势持续向好，生产生活秩序加快恢复，也体现了宁波市的治理水平。

那么宁波市究竟做了什么呢？

笔者通过宁波市政府新闻办公室的微信公众平台"宁波发布"所发布的公开信息，对这个问题进行了初步的研究，分享出来供更多的城市参考。

■ 疫情防控是前提

3 月 9 日，新冠肺炎确诊患者刘某、孙某分别从宁波市第一医院和中国科学院大学宁波华美医院治愈出院。至此，宁波市 157 例新冠肺炎确诊病例全部治愈出院。

在此一周之前，根据浙江省疫情风险等级划分标准，宁波市所有乡、镇、街道

都成为低风险区域,风险地图实现全绿。

疫情防控是生产生活秩序恢复的前提。

在中央召开统筹推进新冠肺炎疫情防控和经济社会发展工作部署会议的次日,2月24日宁波市委召开全市工作部署会议。会议强调,要按照"两手都要硬、两战都要赢"的要求,在确保疫情防控到位的前提下,尽快恢复经济社会运行秩序。

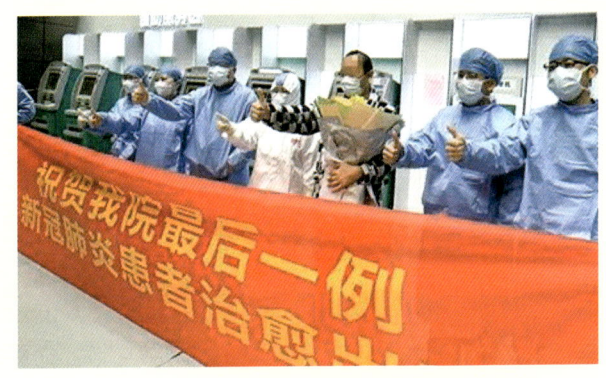

宁波市新冠肺炎确诊患者全部治愈出院

■ 抓得早,主要领导亲自抓,各级精细抓

随着宁波市疫情防控形势持续向好,宁波市在餐饮等生活服务业的复工方面为什么做得好呢?

在按时间线回顾之前,笔者整理了以下三点。

1.抓得早

宁波市在抓企业复工伊始,就从保证企业复工和群众生活必需的高度,优先统筹考虑餐饮等生活服务业有序复工的问题,使生产和生活的恢复相互匹配、相互促进,并明确分工到商务局。

2.主要领导亲自抓

市委一把手深入一线餐饮企业，调研生活服务业复工，要求精准有序推进。市委重要会议上，专门部署生活服务业复工工作。

3.各级精细抓

通过分类管理、实施细则、在线系统、安全指引、重点餐饮保供企业名单、行业负面清单等一系列政策工具，以及赠送口罩、发放绿色通行证等一系列服务手段，保证了餐饮等生活服务业的有序复工。

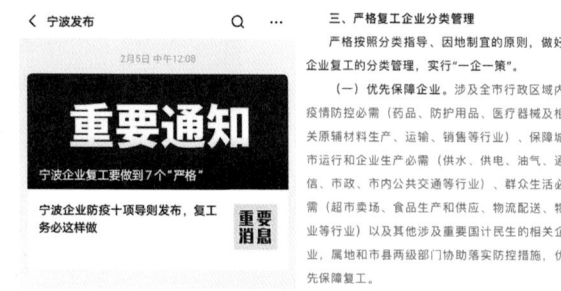

宁波市发布复工保障重要通知

- **2月5日，分类管理、分工到局**

  宁波市政府办公厅下发通知，严格执行复工企业分类管理，共包括优先保障企业、提前开工企业、连续开工企业、连续生产企业、稳步复工企业、控制复工企业等6类。其中，群众生活必需的超市卖场、食品生产和供应、物流配送、物业等属于优先保障复工的企业。通知明确分工，宁波市商务局负责指导做好商贸、餐饮、住宿等企业的复工工作。

- **2月7日，发布会公开介绍**

  宁波市政府召开新闻发布会，专门就企业复工分类管理和申请流程进行了详细介绍。

- **2月8日，市委常委会**

  市委常委会开会提出，坚持疫情防控和企业复工两手抓、两不误。

- **2月9日，细则、系统、指引**

  《宁波市疫情防控期间企业复工管理实施细则》出台，通过详尽规定保证了越是群众生活必需的企业越要优先复工，同时，宁波上线复工在线申请系统，并发布了《宁波市企业复工疫情防控工作指引》。

- **2月10日，重点名单、网络订餐**

    宁波市政府召开新闻发布会，会上介绍，已经组织一批重点餐饮企业恢复产能，提倡"无接触式"就餐，并公布了首批餐饮保供重点企业名单，同时提出要充分发挥网络订餐第三方平台作用，拓宽社会团餐订餐途径，并利用订餐平台配送力量做好供餐配送工作。

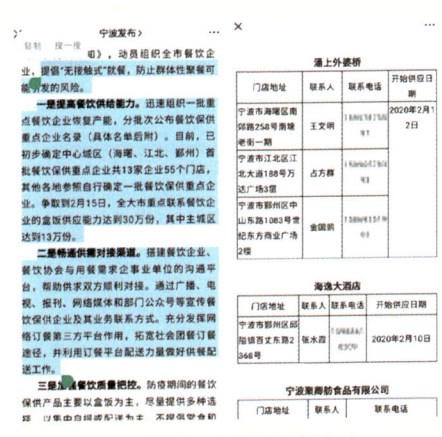

"宁波发布"2月10日截图

- **2月13日，督促餐饮复工，赠口罩、发放绿色通行证**

    宁波市政府召开新闻发布会，介绍市场监管局、商务局已联合配套下发了《关于疫情防控期间餐饮服务提供者进一步加强食品安全和疫情防控管理的告知书》，积极指导和督促重点餐饮企业的疫情防控和有序复工。目前已为营运餐饮企业发放了2500只口罩，为10余家餐饮配送企业开具了民生保供企业资质证明和绿色通行证，并发布了第二批餐饮保供企业及门店名录。

- **2月14日，市主要领导调研餐饮企业**

    宁波市主要领导来到百丈东路上的石浦饭店调研，现场要求商务部门抓紧做好餐饮企业与其他复工企业的对接工作，帮助餐饮企业扩大送餐业务，减少经营损失。要求相关部门在指导餐饮企业严格做好防疫工作的同时，尽快研究出台扶持餐饮行业的政策措施，帮助这个关系数十万人生计的行业恢复元气。

- **2月15日，分管市领导召开生活服务业企业协调会**

    宁波市分管市领导主持召开全市生活服务业企业复工协调会议，强调要高度重视生活服务业复工工作，坚持复工和防疫两手抓，推动一批重点企业实现安全有序复工营业，为全市制造业复工和群众生产生活提供便利保障。具体措施包括细化工作方案、建立正面和负面两张清单分类管理、细化相关复工标准、优化审批环节等，以保证复工科学有序，并要求主动了解企业实际经营问题，保障能够实现"真复工"。

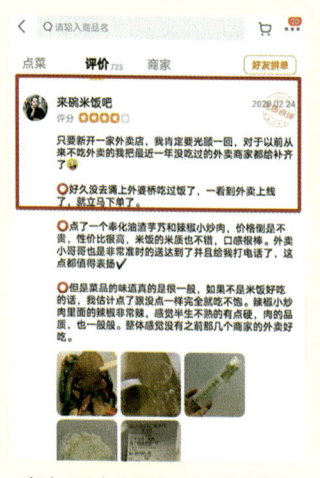
宁波"涌上外婆桥"开通外卖服务

应用"安心餐厅"标准

- **2月17日，《关于尽快恢复生活服务业的通知》、负面清单**

  宁波市疫情防控工作领导小组办公室发出《关于尽快恢复生活服务业的通知》，指出："沿街商铺、餐馆、宾馆住宿、理发、维修、家政、洗涤、生鲜配送、外卖、快递、便利店、连锁店等便民服务场所，在落实防控措施的前提下抓紧恢复营业，方便居民生活。"另外，配套发布负面清单，包括棋牌室、影剧院、游艺厅、网吧、舞厅、卡拉OK厅、公共浴场（室）、足浴店、室内游泳馆、文化礼堂、保健推拿、美容院等，指出负面清单之外的原则上皆可正常营业。

- **2月18日，市委常委会扩大会议**

  宁波市委常委会召开扩大会议指出，要坚持应复尽复、应动尽动，有序推进企业复工复产，尽快推动经济运行回归正常；并指出，要统筹推进各行各业的复工复产，确保生产性服务业复工复产进度与工业保持一致，负面清单以外的生活性服务业尽快复工复业。

比起大型工业企业，餐饮等生活服务业的复工问题显得很小。但民以食为天，吃又是一件和人民群众正常生活、企业生产正常开展息息相关的大事。

宁波市针对餐饮业等生活服务业复工的一系列政策举措，是"一滴水"，映射出的是宁波疫情防控和经济社会发展"两手抓，两手都要硬，两手都要赢"的时代担当。

据《人民日报》2月17日第6版报道："宁波市行政会议中心，一张椭圆形会议桌上，6部电话铃声此起彼伏。这里是宁波企业复工工作应急组，成立于2月10日，旨在帮助企业解决复工难题。"

2月21日，宁波公交集团全部恢复运营。

2月24日，宁波至余姚、绍兴城铁恢复运营。

2月29日，宁波地铁全线网恢复运营。

……

生产在恢复，交通在恢复，人流在恢复，商流在恢复，生活在恢复。

3月8日晚，宁波"三江六岸"的灯光点亮

3月10日下午，宁波市委召开常委会会议，指出：坚持把复工复产与扩大内需紧密结合起来，狠抓项目建设，强化招商引资，全面提振消费，更好发挥投资的关键性作用，加快促进实物消费和服务消费回补。

不获全胜，决不轻言成功。

附・美团应对新冠肺炎疫情工作的系列举措

面向用户

202　美团针对目前疫情的应急响应措施（2020年1月22日）

202　复工不慌！美团八项举措涵盖吃、住、行，做你坚强后盾（2020年2月17日）

面向商户

204　同舟共济！美团启动七项商户帮扶举措（2020年2月2日）

205　美团启动"春风行动"，助力生活服务业商户复工（2020年2月26日）

206　"春风行动"再升级，七项举措迎接消费复苏（2020年3月9日）

面向社会

208　美团捐赠2亿元，并提供多项服务支持湖北医护人员（2020年1月26日）

209　美团外卖升级特殊时期骑手"全过程保障计划"（2020年2月5日）

210　美团启动"春归计划"：招聘1000名毕业生、新增20万骑手岗位（2020年2月24日）

美团针对目前疫情的应急响应措施

2020年1月22日

针对近期新冠肺炎疫情，美团已成立专项小组，全力做好服务保障和疫情防控工作。

1. 即日起，通过美团、大众点评预订住宿、旅游、出行、娱乐及家政服务类的订单，符合以下条件之一，均可免费取消服务。

1）目的地或出发地为武汉的用户。

2）被确诊或疑似为新冠肺炎的用户，以及作为密切接触者的同行人。

2. 一线相关防控人员，如医务工作者、公安边防人员等，因疫情原因取消出行计划产生的机票、火车票及酒店、民宿、景区门票、度假订单等费用，美团均提供免费取消服务。

3. 为保障用户和骑手的安全，美团针对武汉部分医院的配送服务进行升级调整，目前正在积极与相关医院取得联系，为医院提供取餐柜等其他非人员接触类送餐服务。

4. 全力做好疫情防护工作，在武汉及其他疫情波及地区，为骑手全面配备口罩，并设置专人对佩戴情况抽检。升级站点消毒和测温措施，骑手餐箱早晚各消毒一次、每日测量骑手体温，如有异常症状立即停止工作、安排就医并及时报备。美团打车与租赁公司、加盟商和接入平台的网约车企业也启动了紧急联动机制，建立每日司机疫情反馈制度。

5. 美团一直禁止野味餐品销售，并积极响应政府关于野味防控的号召，依法全面排查平台上的野味产品和野味餐厅，下线相关商户和商品。

疫情防控形势依然严峻，呼吁每位用户加强防范，戴上口罩，减少接触密集人群，外出回家后及时洗手洗脸，若出现发热等症状及时就医。我们已向美团闪购所有销售口罩的商家发出要求，不允许涨价销售，同时正在全力协调口罩生产厂家，全力保障口罩供应。

我们同舟共济，一起抗击疫情！

复工不慌！美团八项举措涵盖吃、住、行，做你坚强后盾

2020年2月17日

近日，各地逐步开始复工，但抗击新冠肺炎疫情的阻击战还没有结束。美团推出八项举措，从吃、住、行三个方面，为复工企业与员工提供服务，做大家的坚强后盾！

1. 帮大家复工"吃得更好"

美团在全国发起"放心工作餐直供"行动

美团联合政府、协会等机构发起了"放心工作餐直供"行动。第一阶段由美团餐饮商家提供团餐预订及商家配送服务，现已在北京、上海、深圳落地。具体行动内容包括：为餐饮合作伙伴提供专属流量支持；提供多种类型餐饮，满足上班族场景需求；保证餐品卫生安全；杜绝哄抬物价和坐地起价的行为；开通"绿色通道"，优先解决抗疫单位用餐问题。

美团"到店自提"专区上线，提倡消费者带走吃

为避免复工期间消费者堂食聚集就餐可能引发的风险，近日，美团App特别上线了"到店自提"专区。目前，该专区覆盖了肯德基、必胜客、德克士、新元素、小龙坎老火锅、大董等超

过300家餐饮品牌，并已在北京、上海、重庆、广州、西安、深圳等33座城市上线。打开美团App，点击"美食"频道，即可找到"到店自提"专区。

"一人食"专场活动上线，提倡单人就餐不聚集

为满足复工期间办公族、独居青年等群体单人就餐的需求，2月14日，美团上线了"一人食"专场活动，消费者通过美团App及大众点评App"美食频道"均可进入活动页面。活动提倡单人餐、带走吃、不聚集，囊括了汉堡王、王品牛排、谷田稻香、百果园、味多美等众多连锁餐饮及零售品牌，覆盖全国超过900座城市。

推出"美味到家"服务，帮返工消费者还原餐厅味道

2月14日，美团"美味到家"服务正式在全国试运营，并邀请大董、船歌鱼水饺、大龙燚火锅等知名餐饮连锁品牌入驻。售卖的品类包括速食菜肴半成品、速冻食品、火锅底料等。该项服务支持全国配送，消费者通过美团App和大众点评App"美味到家"入口，即可进入购买页，也可在商家门店页面直接下单。购买后，既可选择在家烹制速食菜肴半成品带饭去公司，也可直接在公司享用自热火锅等方便速食，还原餐厅美味的同时也避免了聚餐带来的风险。

美团"快驴进货"助力复工企业食堂安心采买

"快驴进货"确保复工企业食堂食品安全，保障生鲜商品溯源可靠，肉禽冻货均可提供检疫证明。仓配人员每日1~2次体温检测，口罩每4小时更换1次。仓库、配送车辆内外部每日消毒，司机须全程佩戴口罩进行配送；全面启动无接触配送。"快驴进货"绿色服务通道升级，服务覆盖的34个城市范围内，"快驴进货"将第一时间响应医疗机构、养老机构和复工企业食堂等客户的食材供应需求。

2. 帮大家复工"住得安心"

推出"返工安心住"，帮大家解决临时住宿难题

2月11日，美团上线"返工安心住"专题，携手铂涛、华住、如家、锦江、东呈、尚美、速8、格林、华天、亚朵、凯莱、尊茂、中南金石世苑、GCH大中华酒店集团等众多优质酒店商家，按照严格规范消毒、员工每日测温、住客出入登记、退改保障和连住优惠五大标准，为大家提供特殊时期的安心暂住之所。目前，该活动已覆盖300多个城市。

3. 帮大家复工"出行放心"

公共交通实名乘车登记系统上线

2月6日，在沈阳市交通运输局的组织指导下，由美团打车提供技术支持开发的实名乘车登记系统正式上线。市民乘车时使用手机扫描张贴在地铁、公交、出租车等公共交通工具上的专用二维码，即可留存有效联系方式，以此作为疫情防控追溯的依据。目前该系统正在全国各地加快落地，为公众安全出行提供保障。

美团单车全力支持上班出行

为保障一线防疫人员的通勤，美团单车已率先在湖北暂停收费，并向全国一线防疫人员捐赠超过100万张骑行卡。同时，对全国所有运营城市的车辆都加大了消毒力度，并率先倡议"无差别消毒"，不分品牌、不分颜色，对所有品牌的共享单车进行消毒。此外，倡导疫情期间新骑行文化，鼓励"无接触"安全骑行。

为每一位复工者加油，也提醒大家不要对疫情掉以轻心，请继续做好全面的防护。相信疫情的"严冬"总会过去，奋斗者的"春天"就在不远处。

同舟共济！美团启动七项商户帮扶举措

2020 年 2 月 2 日

2020年春节，新冠肺炎牵动着亿万人的心，餐饮等生活服务业商户响应号召，积极参与疫情防控，一起扛起了不少压力和困难。同时，广大中小商户在经营中面临迫切问题，也正日益受到各方的关注与关心。

生活服务业不仅关乎千千万个中小企业和从业者，也关乎每个普通人的日常生活保障。美团启动七项商户帮扶举措，与广大商户共同克服困难。帮扶措施包括如下七项。

1. 武汉地区餐饮商户减免外卖佣金 1 个月

自 2020 年 2 月 1 日起，美团外卖对武汉地区所有餐饮外卖商户免除一个月佣金。

2. 武汉地区到店业务减免佣金 1 个月，免费延长商户年费 2 个月

自 2020 年 2 月 1 日起，美团到店在武汉地区对所有餐饮商户及本地生活服务类商户免除 1 个月佣金。在 2020 年 1 月 31 日前开通商户通、旺铺宝、新店宝（限商户通）年费产品，且 1 月 31 日依然在生效期内的武汉地区到店餐饮商户及本地生活服务类商户，可免费延长年费有效期 2 个月。餐饮外卖商户免除 1 个月佣金。

3. 为武汉商户提供最高 30 万元特殊保障金

由平台出资，为武汉的餐饮商户及雇员提供免费保险产品，对因不幸感染新冠肺炎身故的，给予最高 30 万元的特殊保障金。

4. 对湖北地区餐饮商户赠送收银系统 10000 套

美团收银即日起启动对湖北地区餐饮商户的专项支持，对符合条件的商户赠送收银系统共 10000 套。

5. 启动 3.5 亿元专项扶持资金，支持全国商户恢复经营

即日起，美团外卖提供 2 亿元商户专项扶持资金，帮助老商户上线经营和新商户开业；到店业务提供 1.5 亿元商户专项扶持资金，帮助到店餐饮、本地生活服务商户在保障安全的前提下恢复正常经营；"快驴进货"为外卖合作商户提供"一键开通"在线采购通道，在全国 38 个城市提供超过 5 万个商品储备，帮助中小餐饮商户足不出户解决食材问题。

6. 提供不少于 100 亿元的优惠利率小微贷款

美团生意贷携手邮储银行、光大银行、亿联银行、江苏银行、天津银行等 10 余家银行合作伙伴，为本地生活商户提供不少于 100 亿元额度规模的优惠利率贷款。同时，对湖北地区商户的资金需求优先受理，专项支持。

7. 美团大学提供超 800 门精品线上课程

美团大学免费提供超 800 门精品线上课程，帮助商户足不出户学习疫情应对、食品安全、门店经营等技能。

生活服务业的有序运营，对抗击疫情意义重大。对生活服务业商户来说，也许这七项帮扶举措还远远不够。美团也积极呼吁各方给予更多关心、支持和帮扶，在采取必要安全防护措施的前提下，帮助行业尽可能恢复生产。相信全社会齐心协力、守望互助，一定能打赢这场全民战"疫"。

美团启动"春风行动"，助力生活服务业商户复工

2020 年 2 月 26 日

不测的困难，往往可以把让大家连接得更紧密。在抗击新冠肺炎的过程中，美团和广大商户同舟共济，随着疫情发展已先后推出了七项帮扶举措，以及到店服务免佣金全国升级等举措。当下，以餐饮行业为代表的生活服务业正在逐步复工，餐饮更是稳增长、促就业、惠民生的重要领域。为了助力广大的生活服务业商户更快复苏、更好经营，美团启动"春风行动"，在开源节流、安全保障、供应链服务、现金流支撑和外卖复工等方面，用互联网平台的数字化力量，为商户提供精准有效的助益，和广大商户一起克服困难，共迎"春暖花开"。

1. 安全复工，安心开店

美团大学升级"千课计划"，助商户转危为机

美团大学在疫情期间开放的各项免费培训课程，已经有超过 130 万商户、886 万人次参与学习；接下来将进一步免费开放超 1500 门精品课程，重点针对食品安全、安心复工、无接触运营、精细化管理等专题培训，以及财税、金融、用工政策解读，开设"复工锦囊""疫后商机洞察"系列直播课，助力商户复工无忧、转危为机。

全国推行"无接触""安心码"，保障安全复工、放心消费

商户安全、用户安全在复工期间是头等大事。美团面向全国商户提供全程无接触服务。商户可通过美团"快驴进货"、"无接触进货"、美团收银"无接触点餐"和美团外卖"无接触安心送"，实现从餐品制作到交付全程无接触。同时，在全国商户推行"安心码"，逐步实现"一店一码"，用户进店前扫码，可以查看店内安全等级，让商户安心复工，让消费者放心消费。

食材供应链"保价不断货"，控制成本，保障供给

原材料价格上涨、进货通道不顺畅、经营如何降本增效是很多餐厅复工的三大难题。美团"快驴进货"加大商户复工期间的供应保障，承诺供应链"保价不断货"，最快 7 小时送达，食材全程质检，帮助商户走上经营正轨。

2. 稳现金流，渡过难关

到店服务湖北地区免佣金再延 1 个月，全国新合作商户减免年费 2 个月

开门大吉，为助力商户更好地线上运营，美团到店佣金减免政策再次升级，自 2020 年 3 月 1 日起，美团对湖北地区所有到店餐饮、本地生活服务商户继续减免 1 个月佣金；对全国新合作及续签的到店餐饮及本地生活服务商户，延长年费有效期 2 个月。

携手邮储银行、光大银行等追加 100 亿元优惠利率贷款，解决商户复工资金流难题

自美团七大帮扶举措宣布携手江苏银行、天津银行、亿联银行等提供 100 亿元优惠利率贷款以来，湖北地区已有 6000 多家商户获得七折优惠贷款。美团继续携手邮储银行、光大银行等战略合作伙伴，为全国性连锁品牌商户和各地区小微商户追加 100 亿元额度的专项助力资金；继续对湖北地区小微商户提供七折优惠利率贷款，开放八折优惠利率贷款至全国各地优质商户，针对全国性连锁品牌优质商户提供最高达 1000 万元的 6%～9% 优惠利率信用贷款，其中特别优质商户利率最低可至 4%。目前，云海肴云南菜、

福建周麻婆、乐凯撒比萨、豪客来牛排、北京大鸭梨等商户已获得500万元至1000万元的优惠利率授信额度。

3. 外卖经营，扩量增收

全国外卖每月5亿元流量红包、4亿元商户补贴，助力新老商户复工增收

美团外卖推出复工"流量红包"，覆盖新上线商家和已上线的全量商家。针对原来主要依靠堂食、需要开拓线上渠道的新上线商户，均可享受到7～14天的"新商户扶持流量"。美团外卖为此计划每月投入价值约4亿元的流量推广资源。针对已上线老商户，美团外卖也将投入每月1亿元"老商户扶持流量"，提升线上数字化经营能力，提高订单量，增加收入。此外，美团外卖每月还将投入4亿元左右的商户补贴，帮助商户争取更多获客，赢得更多订单。开直播课，助力商户复工无忧、转危为机。

促进20万新骑手就业，保障复工运力

特殊时期，外卖已成为众多商户的首选。为助力商户更好地多元化经营，美团将再招20万骑手，保障商户配送运力。同时，开通外卖申请特快通道，商户只须扫码进入极速上线通道，有专人后台审核，最快3小时即可完成全部流程。商户要复工，外卖开通当天就能营业。

春风送暖，携手向前。"春风行动"还会持续关注商户经营的难题和痛点，不断加大对商户发展的扶持，助力百万商户同袍的生意"暖春重启"。愿每一家中小微企业和个体工商户都能顺利开工，每一个创业者都能渡过难关，一起复苏。

"春风行动"再升级，七项举措迎接消费复苏

2020年3月9日

随着新冠肺炎疫情防控形势持续向好，生活服务业复工复产和消费复苏也按下了"加速键"。据美团大数据不完全统计，全国餐饮商户复工率已超过55%。在疫情期间明显受到抑制的消费需求也将迎来一轮释放与回暖，美团点评的餐饮、丽人、景区、电影等生活服务消费搜索量已先行出现大幅攀升。

为了实现生活服务领域消费的回补与复苏，美团"春风行动"将进一步升级，通过技术、产品和资金补贴等多种方式，在确保安心消费的前提下，促进消费逐步复苏，助力商户扩量增收，共迎疫后暖春。

1. 安心消费，需求带动供给

推出安心餐厅、安心住酒店等服务，让消费更放心

让消费者安心消费，是消费复苏的首要前提。美团在线上推出安心餐厅、安心住酒店、安心玩景区、安心逛商场、安心剪发、安心美容等产品功能，用数字化能力引导商户将员工测温、口罩佩戴、环境消毒等防疫安全举措流程化、标准化、线上化，比如餐厅展示前厅后厨的防疫卫生服务举措，酒店展示客房及公共区域清洁过程等。美团结合流量扶持鼓励优质商户线上公示安心服务，用户可通过美团平台查找"安心"系列的服务标签，线下到店扫"安心码"，实现商户安全复工、用户放心消费。

启动"安心消费月"计划，5 亿元补贴让消费有信心

为提振消费信心，通过消费回暖带动供给侧复苏，美团即日起推出"安心消费月"计划。旗下美团外卖、美团到店餐饮、美团酒店民宿门票、美团到店综合等服务产品，将在月内为用户发放超过 4 亿元的补贴，通过用户红包优惠券、补贴折扣等形式，为用户安心消费送福利；针对用户过期未使用的会员红包，美团外卖统一提供延期服务，将惠及千万用户，帮助用户节省 1 亿元。

推出安心预订、深折预售，让消费更省心

为了让消费者放心预订、便捷消费，美团推出包括餐厅、酒店、门票以及各项生活服务等在内的"安心预订"服务，用户提前线上优惠预订，放心消费。目前，包括云海肴、西贝莜面村、捞王锅物料理、王品牛排、大董、唐宫在内的超过 5 万家餐饮商户以及铂涛集团、上海东方明珠广播电视塔等全国数万酒店、景区，已经参与到预订预售活动中，折扣低至 1 折起。

2. 推动复工复产，助力供给复苏

美团外卖启动全国佣金返还计划，助力商户降本增收复苏发展

从 3 月起，美团外卖启动"商户伙伴佣金返还计划"，对全国范围内优质餐饮外卖商户，尤其是经营情况受疫情影响较大的商户，按不低于 3%～5% 的比例返还外卖佣金。返还的佣金将直接打入商户的美团账户，可用于线上营销和流量推广，帮助商户提升单量、增加营收，促进消费复苏。"春风行动"上线一周以来，全国已有超过 25 万商户通过流量卡、代金券等形式获得帮扶，获得扶持的现有商户平均营业额增幅超过 80%。

同时，对武汉地区所有餐饮外卖商户，美团将在 3 月持续推行此前的免佣金政策，直至"封城"解除。美团到店针对参与 3 月行业复苏营销活动的全国本地生活服务商户，活动团购、次卡、预订产品全部免除佣金。

10 亿元补贴助力酒店旅游业增收提效，优质供给助力消费复苏

为更好地推动酒店、民宿及景区恢复经营，美团启动 10 亿元商家经营补贴，提升营销效率和收益管理能力。其中，酒店推广通、民宿房东营销券、景区流量卡等 6.5 亿元线上营销资源补贴，帮助商户更好地获客；酒店物业管理系统、酒店收益管理系统、民宿物业管理系统、景区实名信息登记系统铺设、门票预约管理系统升级等 3 亿元管理及运营系统补贴，让商户升级管理水平；美团为商户安全复工提供 6000 万元复工物资采购补贴，同时向湖北地区酒店和民宿商户额外提供包括额温枪、洗手液、橡胶手套、护目镜、推广通、酒店物业管理系统、收益管理系统等在内的 4000 套公益资源包。

开通全国优惠贷款绿色通道，商户最高已获 3000 万元优惠贷款

美团联合邮储银行、光大银行等合作伙伴，为中小微商户提供的优惠贷款继续升级。截至目前，湖北地区已有近 10000 家小微商户获得七折优惠贷款。优惠贷款申请绿色通道已在全国开放，各地优质商户可申请 7～8 折的优惠利率助力资金；继续推进品牌连锁优质商户 4%～9% 的优惠利率信用贷款，成都蓉李记、韩悦烤肉、满记甜品、重庆九锅一堂等商户，已获得 500 万～3000 万元的优惠利率授信额度。

美团大学开展定制培训，扎实推动复工复产

美团大学将为各行业中小商户量身打造培训课程，通过食品安全、商机捕捉等定制服务赋能商家。复工以来，美团大学已与多地政府部门、行业组织携手开展专题培训百余场，其中与河南省市场监管部门合作的《食品安全防疫》直播课程，超过10万商户观看。

春风送暖，万物复苏。美团"春风行动"将持续发挥数字化力量，把推动复工复产和扩大服务消费结合起来，与商户携手激活新消费，共迎消费复苏的暖春气象。

美团捐赠2亿元，并提供多项服务支持湖北医护人员

2020年1月26日

疫情当前，举国抗击，支持武汉，支持湖北，美团在行动！

1. 美团设立2亿元专项公益基金，支持全国医护人员

2020年1月26日，美团公益基金会宣布捐赠2亿元人民币，设立全国医护人员支持关怀专项基金。基金当前主要针对武汉等疫情防控重点地区的医护人员、全国各地支援湖北的医疗队。基金会将和相关专业机构合作展开定向支持帮扶，包括医疗物资采购以及对一线医护人员的人道救助、生活服务保障、关怀激励，等等。

同时，美团公益平台已为中国红十字基金会等慈善组织开通线上筹款通道，为美团用户、合作商户的热心捐助提供便利通道。在美团App搜索"武汉加油"即可捐赠。

2. 美团旗下各业务支持武汉等地医护人员及百姓生活供给

除2亿元专项基金的援助外，美团各个业务全线为湖北地区医护人员和百姓生活提供保障，启动措施如下。

1）目前，我们正在紧急联系品牌餐饮商户，加班加点保障供给，为武汉市第五医院、武汉市汉阳区人民医院等医护和抗击疫情的一线人员，免费提供每天1000份的外卖餐品，全力支持湖北抗击疫情前线。

2）超过30万辆的美团单车，将在武汉等湖北省所有已运营城市，面向医护人员及其他各类疫情防控工作人员免费使用。我们呼吁，疫情期间请市民尽量减少出行，做好防护，避免感染。

3）美团App、大众点评App为奋战在湖北省一线的医护人员、确诊病人、被隔离观察患者及其家属，免费提供心理倾诉、心理咨询援助服务，该服务每班有150位心理医生，于1月27日在美团App武汉首页上线；并提供全国定点医院与发热门诊实时在线查询服务，全国103个城市超过3000家发热门诊信息，方便大家查询。

4）美团外卖已紧急在武汉试点推出"无接触配送"服务。用户在下单时，可通过"订单备注"、电话、App内消息系统等方式，与骑手协商商品放置的指定位置，送达后骑手将通过电话和App等渠道通知用户自行取餐。此外，针对医院地区的送餐，我们已准备好了取餐柜等无接触设备，有需求的医院可以主动与我们联系。

5）美团闪购平台上近7000家武汉超市、药店、便利店、果蔬店等商家，依然在给用户提供食材、药品、日用快消品等商品的即时配送，支持武汉市民日常生活所需。美团闪购联动工厂，为连锁药房门店提供货源，重点保障口罩等

防护用品价格稳定，绝不允许涨价，并处罚加价销售口罩等用品的行为。

6）自疫情发生以来，"美团买菜"全力维持22家武汉站点的正常运营，同时加强食品安全管理，承诺不涨价，努力保障春节期间市民的三餐食材供给和服务。

另外，我们了解到，公司在武汉的部分员工参与了当地的志愿工作队，希望大家一定要注意自身安全，同时公司也会给大家提供充裕的保障。

同舟共济，抗击疫情，团结在一起！

美团外卖升级特殊时期骑手"全过程保障计划"

2020年2月5日

疫情来袭，很多人选择留在家中吃饭，而对于奋战在一线、保障城市正常运转的工作人员和没条件买菜做饭的朋友来说，外卖可能是为数不多的选择了。这些天，在全国各地，外卖小哥成为城市街头少数的骑行者，他们正在用"无接触配送"的专业服务，为用户提供着最基本的生活保障。

对于骑手的健康安全保障，美团不敢有丝毫懈怠。为做好骑手的服务保障和防控工作，美团在特殊时期升级了骑手全方面保障措施。

1. 升级全国配送站点消杀和健康监控

在每个站点配备体温计、口罩、消毒液和酒精凝胶，骑手餐箱早晚必须消毒，每日早晚测量骑手体温，跟进每位骑手每天上报的健康状况，建立骑手健康台账，并增加抽检次数，如有异常症状立即停止工作、安排就医并及时报备。

2. 升级骑手配送安全防护级别

要求骑手外出及配送中必须全程佩戴口罩。增加抽检频次，通过线上视频实时面部检测功能与线下检查相结合的方式，抽检骑手口罩佩戴情况，同时加入用户与商户反馈等途径，严格落实骑手佩戴口罩的防疫措施。

3. 提升骑手防疫知识水平

全渠道、多频次对全部骑手开展防疫防控知识普及，包括消杀、防控知识、隔离、保险等各项措施的知识普及，提升骑手防疫防控意识。同时，对骑手在非送餐时间的防疫也提出要求，避免人员聚集现象产生。

4. 继续在全国范围推广无接触配送服务，降低传染风险

在全国继续推广无接触配送服务，通过减少面对面接触，保障用户和骑手在收餐环节的安全。

5. 推广骑手安心卡，骑手健康全掌握

为骑手佩戴健康安心卡，向商家、用户建立健康安全公开台账，彼此知晓健康情况，让整个配送过程更安心。

6. 升级针对骑手防控新冠肺炎的"全过程保障计划"

针对新冠肺炎疫情感染风险，统一为美团骑手提供免费保障方案，从检查、疑似、隔离、确诊以及治疗的每个阶段，都将给予骑手相应保障补助，最高可给予30万元特殊保障金。

7. 保障计划覆盖骑手家人

如骑手家人因疫情就医，也可获得相应补助及保障，包括生活关爱金、疾病慰问金、急门诊医疗费用报销以及最高10万元特殊保障金。

8. 保障覆盖美团外卖全体骑手

以上骑手及家人保障计划，适用于美团外卖全体骑手，众包骑手在 30 天内有美团跑单记录即可适用。

疫情当前，美团向每一位坚守在岗的骑手小哥致敬，并努力为每一位坚守者提供最坚硬的"铠甲"，守护他们的安全。

美团启动"春归计划"：招聘 1000 名毕业生、新增 20 万骑手岗位

2020 年 2 月 24 日

当前，全社会一边齐心协力抗击疫情，一边加紧恢复生产生活，推动经济社会发展。美团在推进无接触配送保障用户生活，继续助力帮扶商户的同时，率先启动"春归计划"。

1. 新增 20 万个长期就业、灵活就业岗位

自 2020 年 1 月 20 日疫情态势严峻以来，截至 2 月 23 日，美团外卖骑手岗位已新吸纳 7.5 万人，其中一半以上在本省（区、市）就近就业，六成以上来自工厂工人和服务业从业者，他们不等不靠，通过就近灵活就业解决自己遇到的问题，也为就业稳定出了一份力，向所有劳动者致敬！

在此基础上，美团外卖、美团闪购、"美团买菜""快驴进货"等决定和全国 1000 余个城市配送合作商一起，再提供 20 万个长期就业、灵活就业岗位，包括外卖骑手、司机、仓储员等。同时，美团正加紧和各地政府就业保障部门对接，为外卖骑手群体受疫情影响在返岗过程中遇到的各类问题提供支持。

2. 为建档立卡贫困人员提供就地就近就业绿色通道

在美团外卖骑手中，就有数十万建档立卡贫困人员，他们绝大多数通过自力更生已实现了脱贫。美团此次也为建档立卡贫困人员提供就地就近就业绿色通道，助力精准扶贫。相关人员可以在应聘时提供"扶贫手册"信息页，或携带当地政府扶贫部门开具的证明。

3. 招聘超 1000 名大学应届毕业生

启动春季校园招聘，面向应届毕业生提供产品研发、商业分析等超 1000 个岗位，美团将通过空中宣讲会，进行远程"无接触"招聘，帮助毕业生被安全录用。

4. 社会招聘开放超 3000 个岗位

继续开展社会招聘，开放超过 3000 个产品研发、商业分析、业务运营、综合职能等岗位。可以通过查询美团的官方招聘网站获得相关职位信息。

5. 为商户和从业者提供就业信息对接服务

通过美团馒头招聘为数百万生活服务业商户和千万从业者提供就业信息对接服务，可打开美团 App 搜索"找工作"。

6. 美团大学为千万从业者提供在线职业培训

截至 2 月 20 日，美团大学推出的"商家加油"计划已经免费开放 1000 门线上课程，观看人次超过 700 万，并上线人力资源和社会保障部就业创业和职业培训在线服务平台，可打开美团 App，点击"我的 - 美团大学" 或微信搜索"美团大学"公众号，学习相关课程。

美团致敬每一位为美好生活努力的奋斗者！和大家一起，抗疫情，稳就业，保民生，迎春归。